김인정 저

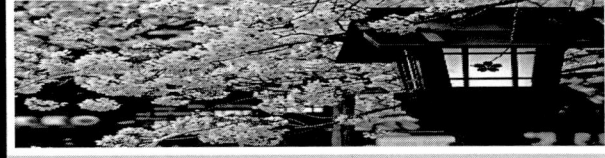

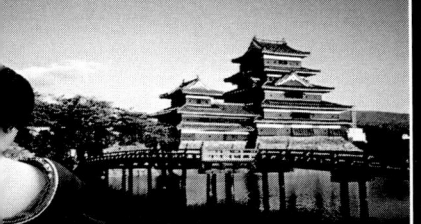

쉬운 통번역일본어

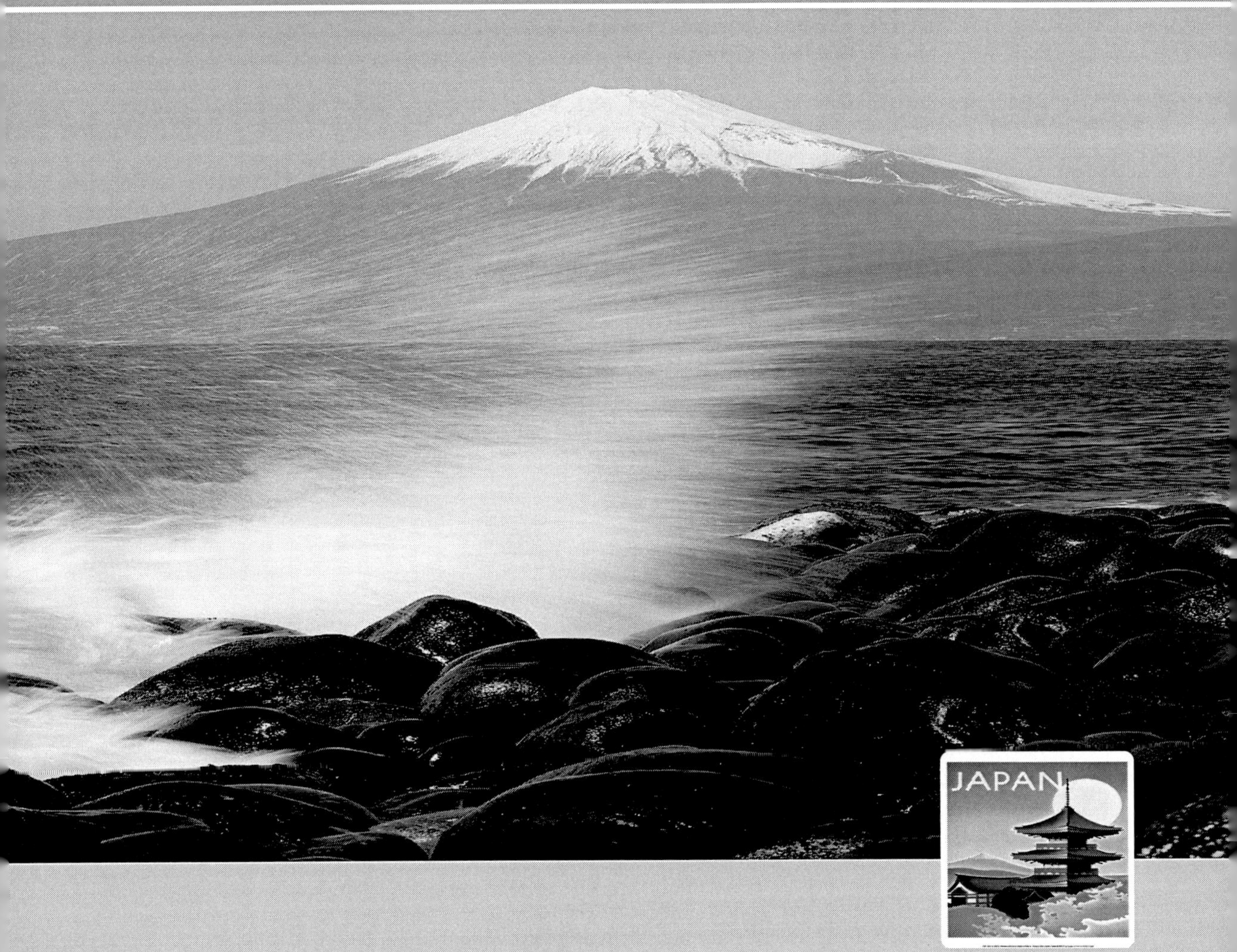

Eureka • Digerati • BoBos
에듀컨텐츠
http://www.ecbook.biz

EduContents
B&B
Book & Brain

쉬운 **통번역일본어**

발 행 일	초판 1쇄 • 2008년 9월 1일
서 명	쉬운 **통번역일본어**
저 자	김 인 정 著
발 행 처	에듀컨텐츠
발 행 인	이 상 열
출판등록	제22-682호(2002년 1월 9일)
전 화	(02) 443-6366
팩 스	(02) 443-6376
정 가	10,000원
ISBN	978-89-90045-74-4 (13730)

● 이전 표지만 변경되었으며, 책 내용은 변동없음.

Copyright ⓒ 2008. 에듀컨텐츠
● 저자와의 협의로 인지는 생략합니다.
● 본 책자의 부분 혹은 전체를 에듀컨텐츠의 허락없이 복사, 복제, 전재하는 것은 저작권법에 저촉됩니다.
● 본 책자에 소개된 제품명은 각사의 등록상표이며, 저작권법과 특허법 등에 의해 보호받고 있습니다.

저자소개

김 인 정

이화여자대학교 통번역대학원 일어통역과
2005~現在 구미1대학교 비즈니스일본어전공 교수

〈주요 경력〉
2002 FIFA 월드컵 조 추첨식 통역
한국해운조합 창립 40주년 기념 심포지엄 순차통역
한일 항공회담 실무자회의 순차통역(한국건교부/일본국토교통성)
제29회 극동플라스틱업계회의 동시통역
제9회 국제심포지엄 '동북아시아신세기 사람의 이동과 코리언네트워크' 동시통역
현대아산중앙병원 의학서적 번역
2002 FIFA 월드컵 공식가이드(중앙 M&B) 번역
'이탈리아여행 100배로 즐기기'(중앙 M&B) 번역 등 그 외 다수 통번역경력
종로 고려외국어 학원 일본어강사
종로 청문외국어학원 통번역대학원입시반 강사
한국전력 외 다수 기업강의

P·r·e·f·a·c·e

첫 머리에

　이 책의 목적은 통번역에 관심을 가진 중급수준의 학습자가 중급수준에 맞는 문형과 문장을 가지고 통번역연습을 할 수 있도록 하는 것입니다.
　전체 14과로 구성되어 있고, 각 과마다 통역연습과 번역연습으로 나뉘어 있습니다.
　통역연습은 몇 가지 비즈니스상황에서 쓰이는 대화문을 익히고 통역연습을 할 수 있도록 했고, 간단한 노트 테이킹 훈련을 할 수 있도록 내용을 담았습니다.
　번역연습은 주로 능력시험 2급 수준의 문형과 학습자들이 많이 어려워하는 수동이나 사역 등 기본문법을 가지고 단문번역을 할 수 있도록 했고, 또한 장문번역은 중급수준에서는 어렵기 때문에 일본어를 한국어로 바꾸는 연습만 하되, 한일문화를 비교할 수 있는 내용으로 담았습니다. 이 내용은 필자가 재미있게 읽었던 '神風がわく韓国 (吉川良三)'라는 책에서 일부 발췌했습니다.
　또한 교재 뒷부분에 실린 번역의 예는 이 교재가 중급수준의 학습자가 공부하는 교재임을 감안해 최대한 원문에 충실하게 번역했고, 한일언어 차이로 인해 말의 첨삭이 필요한 부분만 의역을 했습니다.
　이 책을 통해 보다 많은 학생들이 통역과 번역에 관심을 갖게 되고 일본어를 더욱 재미있게 공부할 수 있기를 바랍니다.

　끝으로 도와주신 분들에게 감사말씀 전합니다.
먼저 하나님께 감사드립니다.
후지와라 통번역학원의 후지와라 선생님,
이화여대 통번역대학원의 박혜경교수님,
사랑하는 가족들과 희숙, 소화, 은경,
늘 따뜻하게 격려해주는 도모에게 고마움을 전합니다.
또한, 출간을 흔쾌히 허락해 준 에듀컨텐츠 임직원 여러분께도 감사의 말씀을 전합니다.

2008년 여름　김 인정

목 차

Part 01. 통역연습   2
           번역연습   6

Part 02. 통역연습   10
           번역연습   14

Part 03. 통역연습   18
           번역연습   22

Part 04. 통역연습   26
           번역연습   30

Part 05. 통역연습   34
           번역연습   38

Part 06. 통역연습   42
           번역연습   46

Part 07. 통역연습   50
           번역연습   54

Part 08. 통역연습   58
           번역연습   62

Part 09. 통역연습   66
           번역연습   70

Part 10. 통역연습   74
           번역연습   78

Part 11. 통역연습   82
           번역연습   86

Part 12. 통역연습   90
           번역연습   94

Part 13. 통역연습   98
           번역연습   102

Part 14. 통역연습   106
           번역연습   110

해답지   114

쉬운 통번역일본어

お出迎え①

木村　：あの、韓国電子さんですか。

キム　：あ、富士通信の木村さんですか。ようこそいらっしゃいました。
　　　　はじめまして。わたしは、韓国電子の国際営業部のキム・ミンソン
　　　　でございます。よろしくお願いいたします。

木村　：富士通信の木村と申します。よろしくお願いいたします。

キム　：さあ、車を待たせていますので、どうぞ。

木村　：どうもありがとうございます。

キム　：木村さん、韓国は初めてですか。

木村　：いいえ、今回で二度目です。でも、仁川空港は初めてです。とても
　　　　きれいで、りっぱな空港ですね。ここからソウルまではどれくらいかかります
　　　　か。

キム　：仁川空港とソウルをつなぐ高速道路で行きますと、1時間くらいでソウ
　　　　ル市内に到着します。

木村　：そうですか。地下鉄もありますか。

キム　：はい、地下鉄でも行けます。
　　　　木村さん、お疲れでしょうから、まずホテルの方にご案内しますね。

木村　：いいえ、できれば、先に本社に行って、クォン部長にお会いしたい
　　　　んですが。

キム　：はい、かしこまりました。では、先に会社の方にご案内いたします。

마중①

기무라 : 저, 한국전자입니까?
김민성 : 아, 후지통신의 기무라씨입니까? 잘 오셨습니다.
　　　　처음 뵙겠습니다. 저는 한국전자 국제영업부의 김민성입니다.
　　　　잘 부탁드립니다.
기무라 : 후지통신의 기무라라고 합니다. 잘 부탁드립니다.
김민성 : 자, 차를 대기시켜 놓았으니, 가시지요.
기무라 : 고맙습니다.
김민성 : 기무라씨, 한국은 처음이세요?
기무라 : 아니요, 이번이 두 번째입니다. 하지만, 인천공항은 처음입니다. 매우 아름답고 훌륭한 공항이네요.
　　　　여기서 서울까지는 얼마나 걸립니까?
김민성 : 인천공항과 서울을 연결하는 고속도로로 가면 1시간이면 서울 시내에 도착합니다.
기무라 : 그래요. 지하철도 있습니까?
김민성 : 네, 지하철로도 갈 수 있습니다.
　　　　기무라씨, 많이 피곤하실 테니, 우선 호텔로 안내하겠습니다.
기무라 : 아니요, 가능하면 먼저 본사로 가서 권부장님을 만나 뵙고 싶습니다만.
김민성 : 네, 알겠습니다. 그럼 먼저 회사로 안내하겠습니다.

書き取りの練習①
かき とり れんしゅう

기무라 : _____
김민성 : _____
_____
_____

기무라 : _____
김민성 : _____
기무라 : _____
김민성 : _____
기무라 : _____
_____

김민성 : _____
_____

기무라 : _____
김민성 : _____
_____

기무라 : _____
_____

김민성 : _____

書き取りの練習②

<A>
　私たちは、あいさつする時、「どうも」ということがあります。
　この「どうも」があいさつ代わりに＿＿＿＿＿＿＿、江戸時代からだそうです。最初は、「どうもありがとう」や「どうもすみません」と言っていたが、だんだん「ありがとう」や「すみません」をはしょって、＿＿＿＿＿＿＿＿＿＿＿＿＿
＿＿＿＿＿＿＿。こうして、「どうも」という一言に、感謝や謝罪の気持ちを
＿＿＿＿＿＿＿＿＿＿＿。

<B>
　私たちは、あいさつする時、「どうも」ということがあります。
　この「どうも」が＿＿＿＿＿＿＿＿＿＿＿＿＿＿＿、江戸時代からだそうだ。最初は、「どうもありがとう」や「どうもすみません」と言っていたが、＿＿＿＿＿
＿＿＿＿＿＿＿＿＿＿＿＿＿
＿＿＿＿＿＿＿。こうして、「どうも」という一言に、＿＿＿＿＿＿＿＿＿＿
＿＿＿＿＿＿＿＿＿＿＿。

<C>

＿＿＿＿＿＿＿＿＿＿＿＿＿＿＿＿＿＿＿＿＿＿＿＿＿＿＿＿＿＿＿＿＿＿＿
＿＿＿＿＿＿＿＿＿＿＿＿＿＿＿＿＿＿＿＿＿＿＿＿＿＿＿＿＿＿＿＿＿＿＿
＿＿＿＿＿＿＿＿＿＿＿＿＿＿＿＿＿＿＿＿＿＿＿＿＿＿＿＿＿＿＿＿＿＿＿
＿＿＿＿＿＿＿＿＿＿＿＿＿＿＿＿＿＿＿＿＿＿＿＿＿＿＿＿＿＿＿＿＿＿＿
＿＿＿＿＿＿＿＿＿＿＿＿＿＿＿＿＿＿＿＿＿＿＿＿＿＿＿＿＿＿＿＿＿＿＿

ほめる韓国、叱る日本

<A> 한자가 익숙해질 때까지 소리 내어 읽어 봅시다.

日本が「叱る文化」なら、韓国はまさに「ほめる文化」である。

日本では、たとえば子どもの成績表を見て、国語や社会科の成績はよいのに①算数だけが悪いような時、いい方をほめるより、悪い算数の成績に対して「算数がダメじゃないか」と叱るケースが多いのではないだろうか。これが「叱る文化」の典型例だ。

一方、これは韓国での経験だが、友人の韓国人の息子が小学校4年生からアイスホッケーを始め、②中学校の1年生になってようやく初めて待望のゴールを奪うことができた。すると、父親は、私を含めて何人もの友人を集め、③息子の一点のために盛大なお祝い会を開いてやったのである。すると、驚くことに、その息子さんは次の二試合で四点も取ってしまったのである。これが韓国の「ほめる文化」である。

<B> 번역해 봅시다.

① _____

② _____

③ _____

문형연습

일본어는 한국어로 한국어는 일본어로 바꿔보세요!

～なら　　～라면

1. もし生まれ変わることができるなら、今度は男になりたいですね。
   _____

2. (ドライブ・連れていく)　드라이브 갈 거면 나도 데려가 주세요.
   _____

3. 당신 여동생이라면 아까 역에서 봤는데요.
   _____

～もの　　～이나 되는

1. 押し入れを片付けていて、何枚もの懐かしい写真を見つけた。
   _____

2. (店・働く・出会う) 이 가게에서 일하면서 몇 명이나 되는 사람을 만나왔을까?
   _____

3. 나는 지금까지 몇 권이나 되는 일본소설을 읽어왔다.
   _____

～ことに　　～하게도

1. 興味深いことに、昔のおもちゃが再び流行しているそうだ。
   _____

2. (うれしい・ノーベル賞・受賞する)

   기쁘게도 일본인이 두 명이나 노벨상을 수상했다.
   _____

3. 감사하게도 나는 지금 너무나도 건강합니다.
   _____

연습문제 제대로 공부 했나 풀어볼까요?

1. ひらがなのところを漢字(かんじ)で書(か)いてください。

しあい （　　　）　しゃかい（　　　）あつめる（　　　）
さんすう（　　　）　こくご　（　　　）はじめる（　　　）

2. 漢字(かんじ)のところをひらがなで書(か)いてください。

成績 （　　　）　　経験 （　　　）　　待望 （　　　）
盛大 （　　　）　　典型 （　　　）　　奪う （　　　）

3. ＿＿＿の部分(ぶぶん)に入(い)れるのにもっとも適当(てきとう)なものを一(ひと)つ選(えら)んでください。

①明日(あした)、旅行(りょこう)に＿＿＿＿、今晩(こんばん)早(はや)く寝(ね)た方(ほう)がいいですよ。

1　行(い)くなら　2　行(い)くと　3　行(い)けば　4　行(い)ったら

②世界(せかい)には数百年(すうひゃくねん)＿＿＿＿時(とき)を経(へ)て、多数(たすう)の家(いえ)や街(まち)、建築物(けんちくぶつ)が受(う)け継(つ)がれている。

1　の　　2　もの　　3　こと　　4　で

③うれしい＿＿＿＿に、インターンシップに応募(おうぼ)した多数(たすう)の大学生(だいがくせい)の中(なか)から、うちの学生(がくせい)が選(えら)ばれた。

1　の　　2　もの　　3　こと　　4　はず

4．＿＿のところに適当な語を書いて、文を完成してください。

① 中国人は一日に＿＿＿＿＿＿＿＿＿ものお茶を飲みます。

중국인은 하루에 몇 잔이나 차를 마십니다.

② 日本語を＿＿＿＿＿＿＿＿＿なら、ひらがなから始めた方がいい。

일본어를 배우고 싶다면 히라가나부터 시작하는 게 좋다.

③ ＿＿＿＿＿＿＿＿＿ことに、注文した料理の中からハエが出てきた。

놀랍게도 주문한 요리에서 파리가 나왔다.

5．（ ）に適当な助詞を入れてください。（入らない時はX）

① 悪い算数（ ）成績（ ）対して、「算数がダメじゃないか」（ ）叱るケースが多い。

② 友人の韓国人（ ）息子が小学校（ ）4年生（ ）アイスホッケーを始めた。

③ その息子さんは次の試合（ ）四点（ ）とってしまったのである。

お出迎え②

キム ：木村さん、こちらです。よくいらっしゃいました。

木村 ：あ、キムさん、わざわざお出迎えありがとうございます。
またお世話になります。キムさん、その後、おかわりありませんか。

キム ：はい、おかげさまで元気にやっています。木村さんは？

木村 ：私もおかげさまで。韓国も暑いですね。東京はもう毎日30度を超していますよ。

キム ：そうなんですか。韓国も先週から梅雨明けで、本格的な夏が始まりまして、テグの方は、もう平均35度ですよ。

木村 ：うわっ～、聞いただけでも汗が出ちゃいそうですね。

キム ：ところで、木村さん、空の旅はいかがでしたか。

木村 ：今回は、大韓航空で来たんですが、サービスもすばらしくて、機内食のビビンバもおいしかったですね。

キム ：そうですか。それは、よかったですね。さあ、表に車を待たせていますので、どうぞ。

木村 ：ありがとうございます。

キム ：今回はどれくらいお泊まりになりますか。

木村 ：今回は、クミ工場の方もおじゃまいたしますので、四泊五日の日程です。

キム ：そうですか。今回もきついスケジュールですね。では、お疲れでしょうから、ホテルの方にご案内いたします。今晩はゆっくりお休みください。

木村 ：どうもありがとうございます。

마중②

김민성 : 기무라씨, 이쪽입니다. 잘 오셨습니다.
기무라 : 아, 김민성씨, 일부로 마중 나와 주셔서 고맙습니다. 다시 신세지게 되었습니다. 김민성씨, 그 후로 별고 없으셨어요?
김민성 : 네, 덕분에 잘 지내고 있습니다.
기무라 : 저도 덕분에 잘 지냅니다. 한국도 덥네요. 도쿄는 정말 매일 30도가 넘습니다.
김민성 : 그러세요. 한국도 지난주부터 장마가 끝나 본격적인 여름이 시작되어서 대구 쪽은 평균 35도입니다.
기무라 : 와, 듣는 것만으로도 땀이 나올 것 같네요.
김민성 : 그나저나 기무라씨, 비행기여행은 어떠셨어요?
기무라 : 이번에는 대한항공으로 왔는데요, 서비스도 훌륭하고 기내식으로 나온 비빔밥도 맛있었어요.
김민성 : 그러세요. 그거 잘 됐네요. 자, 밖에 차를 대기시켜놓았으니 가시죠.
기무라 : 고맙습니다.
김민성 : 이번에는 얼마나 머무르실 예정이세요?
기무라 : 이번에는 구미공장 쪽도 방문할 예정이어서 4박5일 일정입니다.
김민성 : 그러세요. 이번에도 빡빡한 스케줄이네요. 그럼 피곤하실 테니 호텔로 안내하겠습니다. 오늘 밤은 편안하게 쉬세요.
기무라 : 고맙습니다.

書き取りの練習①
_{か　と　　　れんしゅう}

김민성 : _____
기무라 : _____
_____

김민성 : _____
기무라 : _____
_____

김민성 : _____
_____

기무라 : _____
김민성 : _____
기무라 : _____

김민성 : _____
기무라 : _____
김민성 : _____
기무라 : _____
김민성 : _____
_____
기무라 : _____

書き取りの練習②

<A>
　「友だち」という言葉はおもしろいです。「ゆみこは私の友だちだ」＿＿＿＿＿＿
＿＿＿＿＿＿＿＿、この表現をよく考えてみると、どこかおかしい。ふつう「〜たち」
というのは、複数のものを指します。自分ひとりのことを「私たち」＿＿＿＿＿＿＿、
女性ひとりのことを「女性たち」＿＿＿＿＿＿＿＿。それなのに、友人＿＿＿＿＿＿
＿＿＿＿＿＿、ひとりでも「友だち」なのです。

<B>
　「友だち」という言葉はおもしろいです。「ゆみこは私の友だちだ」＿＿＿＿＿＿
＿＿＿＿＿＿＿＿、この表現をよく考えてみると、どこかおかしい。ふつう「〜たち」
というのは、複数の＿＿＿＿＿＿＿＿＿。自分ひとりのことを「私たち」＿＿＿＿＿
＿＿＿＿＿、＿＿＿＿＿＿＿＿＿＿＿＿＿＿＿＿＿＿＿＿＿＿＿。それなのに、
＿＿＿＿＿＿＿＿＿＿、ひとりでも「友だち」なのです。

<C>
＿＿＿＿＿＿＿＿＿＿＿＿＿＿＿＿＿＿＿＿＿＿＿＿＿＿＿＿＿＿＿＿＿＿＿＿＿＿
＿＿＿＿＿＿＿＿＿＿＿＿＿＿＿＿＿＿＿＿＿＿＿＿＿＿＿＿＿＿＿＿＿＿＿＿＿＿
＿＿＿＿＿＿＿＿＿＿＿＿＿＿＿＿＿＿＿＿＿＿＿＿＿＿＿＿＿＿＿＿＿＿＿＿＿＿
＿＿＿＿＿＿＿＿＿＿＿＿＿＿＿＿＿＿＿＿＿＿＿＿＿＿＿＿＿＿＿＿＿＿＿＿＿＿
＿＿＿＿＿＿＿＿＿＿＿＿＿＿＿＿＿＿＿＿＿＿＿＿＿＿＿＿＿＿＿＿＿＿＿＿＿＿

話す韓国、聞く日本

<A> 한자가 익숙해질 때까지 소리 내어 읽어 봅시다.

韓国人はどんな場合でも、自分の意見を堂々と話して自己の存在感を示す。それだけでなく、相手の言っていることをほとんど聞いていない。そこには「協調の精神」など、まるでないと言っていい。

これに対して日本人は、①よほどのことがないかぎり、自己主張を控えるくせがある。企業の会議の例でも、出席者のうちで発言するのは、ふつうほんの数人である。ほとんどの人は黙って聞いているだけである。②自分と同じ意見が出ると、「そうだ、そうだ」と言葉に出さずにうなずき、反対意見の場合でもとりあえず「なるほど、なるほど」とうなずいて、けっきょく最後まで何も発言しない人が多い。

この場合の「なるほど」は相手の意見に賛同しているのではなく、③ただ相づちを打っているだけである。外国人が日本人に対して「日本人は何を考えているのかよくわからない」と評しているのはこのためであろう。

<B> 번역해봅시다.

① _____
② _____
③ _____

문형연습
일본어는 한국어로 한국어는 일본어로 바꿔보세요!

~かぎり / ~ないかぎり   ~하는 한 / ~하지 않는 한

1. 私の見るかぎりでは、彼は信頼できる人物だ。
   _____

2. (思いつく・アイデア・出す・だめだ)
   생각나는 한 아이디어는 모두 내놓았지만 소용없었다.
   _____

3. 어지간한 일이 없는 한 일본어수업은 빼먹지 않습니다.
   _____

~ずに (= ~ないで)   ~하지 않고

1. 彼は理由も聞かずに、突然怒り出し、家を出ていった。
   _____

2. (テキスト・問題・解く) 교재를 보지 않고 문제를 풀어주세요.
   _____

3. 아무것도 먹지 않고 하루 종일 집에서 빈둥거렸다.
   _____

~と   ~하면, ~할 때, ~하자, ~하니까

1. 人は、おなかがいっぱいになると、眠くなります。
   _____

2. (天気・無理だ) 내일 날씨가 나쁘면 산에 가는 것은 무리일 것입니다.
   _____

3. 한자를 못 읽으면 곤란한 경우가 많습니다.
   _____

연습문제   제대로 공부 했나 확인해볼까요?

1. ひらがなのところを漢字で書いてください。
   いけん　（　　　）　しゅちょう（　　　　）　きぎょう（　　　　）
   はんたい（　　　）　さいご　（　　　　）　しゅっせき（　　　　）

2. 漢字のところをひらがなで書いてください。
   存在感　（　　　）　示す　（　　　）　精神（　　　）
   協調　（　　　）　控える　（　　　）　賛同（　　　）

3. ＿＿の部分に入れるのにもっとも適当なものを一つ選んでください。

   ①たばことお酒を＿＿＿＿＿、この病気は治りにくいですよ。
   　1　やめずに　　2　やめないかぎり　　3　やめなくて　　4　やめるかぎり

   ②部屋に＿＿＿＿＿、外で車の止まる音がした。
   　1　いて　　2　いるかぎり　　3　いると　　4　いるなら

   ③私は、今日、朝ご飯を＿＿＿＿＿、会社へ行きました。
   　1　食べなくて　　2　食べないので　　3　食べては　　4　食べずに

4．（　）の語の形を変えて、文を完成してください。

①そんなに_____ずに働いてばかりいると、倒れてしまいますよ。
　　　　　　（休む）

그렇게 쉬지 않고 일만 하면 쓰러지고 말아요.

②この辺は夜遅く_____ないかぎり、安全ですよ。
　　　　　　　　（帰る）

이 부근은 밤늦게 귀가하지 않는 한 안전해요.

③彼女はずっと落ち込んでいたが、一杯_____と、元気になった。
　　　　　　　　　　　　　　　（飲む）

그녀는 계속 침울해했지만, 한잔 마시자 기운을 차렸다.

5．（　）に適当な助詞を入れてください。（入らない時は×）

①自分（　）同じ（　）意見（　）出ると、言葉（　）出さずにうなずく。

②よほど（　）こと（　）ないかぎり、自己主張（　）控える（　）くせがある。

③企業（　）会議の例でも、出席者のうち（　）発言するのは、ふつう（　）ほんの数人である。

取引先でのあいさつ①

キム ：木村さん、こちらが部長のクォンです。

クォン：はじめまして。国際営業部部長のです。よろしくお願いします。

木村 ：はじめまして。富士通信の木村と申します。今後、貴社を担当させていただきます。よろしくお願いいたします。

キム ：こちらは、研究開発課長のイです。課長、こちらは、富士通信の木村さんです。

イ ：イ・ユンヒョンです。いつもお世話になっています。

木村 ：木村です。こちらこそお世話になっています。今回は、新モデルの打ち合わせにまいりました。

イ ：そうですか。ところで、「フレンズ」の反応はいかがですか。

木村 ：とても評判がいいです。リアルタイムの画像電送がスムーズにできますし、タッチパネル方式で、ホームページが閲覧できるなど、パソコンのように使えるところが人気を集めていますね。最近うちの娘もそれに買い換えました。

イ ：それは、ありがとうございます。娘さんにも気に入ってもらえて、うれしいですね。

木村 ：新モデルの方も期待しています。

イ ：ありがとうございます。がんばります。

거래처에서의 인사①

김민성 : 기무라씨, 이쪽은 권부장님입니다.
권오주 : 처음 뵙겠습니다. 국제영업부부장인 권오주입니다. 잘 부탁드립니다.
기무라 : 처음 뵙겠습니다. 후지통신의 기무라라고 합니다. 앞으로 귀사를 담당하게 되었습니다. 잘 부탁드립니다.
김민성 : 그리고 이쪽은 연구개발부의 이과장님입니다. 과장님 이쪽은 후지통신의 기무라씨입니다.
이윤형 : 이윤형입니다. 늘 신세지고 있습니다.
기무라 : 기무라입니다. 저희가 신세지고 있죠. 이번에 신 모델 협상 때문에 방문했습니다.
이윤형 : 그러세요. 그나저나 '프렌즈'의 반응은 어떤가요?
기무라 : 매우 평판이 좋습니다. 실시간화상전송이 잘 되고 터치패드방식인데다 홈페이지를 열람하는 등 컴퓨터처럼 사용할 수 있는 점이 인기를 모으고 있습니다. 최근 제 딸도 그것으로 새로 구입했습니다.
이윤형 : 고맙습니다. 따님도 마음에 들어 한다니 기쁘네요.
기무라 : 신모델도 기대하겠습니다.
이윤형 : 고맙습니다. 노력하겠습니다.

書き取りの練習①
<ruby>書<rt>か</rt></ruby>き<ruby>取<rt>と</rt></ruby>りの<ruby>練習<rt>れんしゅう</rt></ruby>①

김민성 : _____
권오주 : _____
기무라 : _____
　　　　_____
김민성 : _____
　　　　_____
이윤형 : _____
기무라 : _____
　　　　_____
이윤형 : _____
기무라 : _____
　　　　_____
　　　　_____
이윤형 : _____
기무라 : _____
이윤형 : _____

書き取りの練習②

<A>
　「オジサン」という言葉は_____意味が広い言葉、_____あいまいな言葉です。　本来は、しんせきの「オジ」_____言葉なのに、「俺もすっかりオジサンだ」と中年以上の男性一般を_____。さらに、_____「オジサン」と呼ぶ場合もあります。また、「太郎くんのオジサンに会った」と、太郎くんの父親を「オジサン」と_____。

<B>
　「オジサン」という言葉は_____意味が広い言葉、_____あいまいな言葉です。　本来は、しんせきの「オジ」_____、「俺もすっかりオジサンだ」と中年以上の_____。さらに、_____「オジサン」と呼ぶ場合もある。また、「太郎くんのオジサンに会った」と、_____。

<C>
_____
_____
_____
_____
_____

個の韓国

<A> 한자가 익숙해질 때까지 소리 내어 읽어 봅시다.

韓国の企業相手に仕事をしている日本のビジネスマンが、必ず一度や二度体験する不思議な出来事がある。それは韓国人のビジネスマンに資料を渡す場合、絶対に一部では足りないということだ。

ある部署の人に資料を一部渡して、関係者にはそちらでコピーして渡しておいてくださいと頼んでも、①あとで必ず別な人から同じ資料を要求される。

これは、自分にとって利益になると思ったものは、絶対に自分と関係する人には渡さないという、「個の文化」から来る利己主義的習性である。

韓国人は子どもの頃から、人よりも早く出世するように教育されている。②競争相手が自分より早く出世することは死ぬことよりつらいことなのだ。その競争相手に自分に利益になる情報を無条件で渡すはずはない。

このため、韓国のエリートは、一人ひとりの能力は優れており、③一人で日本人の三人分の仕事をするが、三人集まると一人分の仕事もできないのだ。

<B> 번역해 봅시다.

①_____

②_____

③_____

문형연습
일본어는 한국어로, 한국어는 일본어로 바꿔보세요.

~にとって　　~에게 있어서 / ~의 입장에서 볼 때

1. 留学生にとって魅力のある大学はどんな大学なのでしょうか。
   _____

2. (スポーツ選手・金メダル・誇り)
   스포츠선수에게 금메달은 대단한 자긍심을 줍니다.
   _____

3. 회사입장에서 볼 때 우수한 사원은 큰 재산입니다.
   _____

~ように　　~하도록

1. 卒業アルバムの写真を撮るので、2時に学校に来るように伝えてください。
   _____

2. (子ども・漢字)　어린이도 알 수 있도록 쉬운 한자로 썼습니다.
   _____

3. 수업은 뒷자리에서도 잘 들리도록 마이크를 사용하고 있습니다.
   _____

~はずがない　　~할 리가 없다

1. あれだけがんばったのに、試験に落ちるはずがない。
   _____

2. (就職活動・簡単だ)　취직활동이 그렇게 쉬울 리 없다.
   _____

3. 한 번 보고 그 사람에 대해서 전부 알 수는 없다.
   _____

연습문제   제대로 공부 했나 확인해볼까요?

1. ひらがなのところを漢字で書いてください。

たりる （　　　）　　ようきゅう（　　　）　　じょうほう（　　　）
かんけい（　　　）　　きょういく（　　　）　　　りえき（　　　）

2. 漢字のところをひらがなで書いてください。

体験　（　　　）　　資料　（　　　）　　競争（　　　）
頼む　（　　　）　　優れる（　　　）　　条件（　　　）

3. ＿＿の部分に入れるのにもっとも適当なものを一つ選んでください。

①ステージは遠くからも＿＿＿＿、とても高かったし、一番前の席とも距離があった。

　1　見えるように　　2　見えるとは　　3　見えたり　　4　見えるということ

②あんなずる賢い柳さんが人を助ける＿＿＿＿＿。

　1　はずがない　　2　ということだ　　3　ところだ　　4　はずだ

③留学生＿＿＿＿保証人になってもらう人を探すのはたいへんなことだ。

　1　によって　　2　にとって　　3　にたいして　　4　においては

4．（　）の語の形を変えて、文を完成してください。

① 大事なお客さんが来るから_____ようにしてください。
（遅刻する）

중요한 손님이 오니까 지각하지 않도록 하세요.

② お世話になった方々にお礼の手紙を_____ように言ってください。
（送る）

신세 진 분들께 감사편지를 보내도록 얘기해 주세요.

③ やさしいキム先生がひどいことを_____はずがないです。
（する）

착한 김선생님이 심한 짓을 할 리가 없습니다.

5．（　）に適当な助詞を入れてください。（入らない時はＸ）

① 韓国人のビジネスマン（　）資料を渡す場合（　）、一部（　）足りない。

② 韓国人は子ども（　）頃（　）、人よりも早く出世するように教育されている。

③ 韓国のエリートは、一人（　）日本人（　）三人分（　）仕事をする。

取引先でのあいさつ②

キム ：部長、富士通信の木村さんがいらっしゃいました。

クォン：あ、木村さん、お久しぶりです。

木村 ：はい、クォン部長、お久しぶりです。また、おじゃまさせていただきます。

クォン：お疲れじゃないですか。今日着いたばかりでしょう。

木村 ：でも、新モデルについて早くうかがいたくて。

クォン：あいかわらずまめな方ですね。では、研究開発部のイを呼びますので、少々お待ちください。

・・・・・・・・・・・・・・・・・・・・・・・・・・・・・・・・・・

イ　 ：木村さん、お久しぶりです。

木村 ：イ　課長、お久しぶりです。いつもお世話になっております。

イ　 ：こちらこそ。いつソウルにいらっしゃったんですか。

木村 ：さっき着いたばかりです。今回は、新モデルの打ち合わせにまいりました。

イ　 ：そうですか。ところで、「フレンズ」の反応はいかがですか。

木村 ：とても評判がいいです。リアルタイムの画像電送がスムーズにできますし、タッチパネル方式で、ホームページが閲覧できるなど、パソコンのように使えるところが人気を集めていますね。最近うちの娘もそれに買い換えました。

イ　 ：それは、ありがとうございます。娘さんにも気に入ってもらえて、うれしいですね。

木村 ：新モデルの方も期待しています。

イ　 ：ありがとうございます。がんばります。

거래처에서의 인사②

김민성 : 부장님, 후지통신의 기무라씨가 오셨습니다.
권오주 : 아, 기무라씨, 오랜만입니다.
기무라 : 네, 권부장님, 오랜만입니다. 다시 방문하게 되었습니다.
권오주 : 피곤하지 않으세요? 오늘 막 도착하셨잖아요?
기무라 : 하지만, 신제품에 대해 빨리 여쭙고 싶어서요.
권오주 : 여전히 부지런하시네요.
　　　　그럼 연구개발부의 이과장을 부를테니, 잠시만 기다려주세요.

● ● ● ● ● ● ● ● ● ● ● ● ● ● ● ● ● ● ● ●

이윤형 : 기무라씨, 오랜만입니다.
기무라 : 이과장님 오랜만입니다. 항상 신세지고 있습니다.
이윤형 : 저희야말로 신세지고 있죠. 언제 서울에 오셨습니까?
기무라 : 좀 전에 막 도착했습니다.
　　　　이번에는 신 모델 협상 때문에 방문했습니다.
이윤형 : 그러세요. 그나저나 '프렌즈'의 반응은 어떤가요?
기무라 : 매우 평판이 좋습니다. 실시간화상전송이 잘 되고 터치패드방식인데 다 홈페이지를 열람하는 등 컴퓨터처럼 사용할 수 있는 점이 인기를 모으고 있습니다. 최근 제 딸도 그것으로 새로 구입했습니다.
이윤형 : 고맙습니다. 따님도 마음에 들어 한다니 기쁘네요.
기무라 : 신모델도 기대하겠습니다.
이윤형 : 고맙습니다. 노력하겠습니다.

書き取りの練習①
   か   と   れんしゅう

김민성 : _____
권오주 : _____
기무라 : _____
권오주 : _____
기무라 : _____
권오주 : _____

· ·

이윤형 : _____
기무라 : _____
이윤형 : _____
기무라 : _____

이윤형 : _____
기무라 : _____

이윤형 : _____
기무라 : _____
이윤형 : _____

書き取りの練習②

<A>
　昔話を読むと、最初に_____、「むかし、むかし」という言葉です。「むかし、むかし、あるところにおじいさんとおばあさんがいました」_____です。この言葉がなければ、日本のおとぎ話は_____。子どもたちも「むかし、むかし」と_____、心の準備ができます。では、この「むかし、むかし」は誰がつくったのでしょうか。テレビがつくったのでしょうか。それは、平安時代に_____「今は昔」という言葉が、「むかし、むかし」という言葉に_____。

<B>
　昔話を読むと、_____、「むかし、むかし」という言葉です。「むかし、むかし、あるところにおじいさんとおばあさんがいました」_____です。_____、日本のおとぎ話は_____。子どもたちも「むかし、むかし」と_____、_____。では、この「むかし、むかし」は誰がつくったのでしょうか。テレビがつくったのでしょうか。それは、平安時代に_____「今は昔」という言葉が、「むかし、むかし」という言葉に_____。

<C>
_____
_____
_____
_____
_____
_____
_____

集団の日本

<A> 한자가 익숙해질 때까지 소리 내어 읽어 봅시다.

日本には「赤信号みんなで渡れば恐くない」という言葉がある。コメディアンでかつ世界的に有名な映画監督のビートたけし（北野武）が初めて言ったものだ。これは、①何をするにも集団で行動し、集団で責任をとるという日本人の文化を端的に皮肉った名言である。つまり、日本人は一人ではたいしたことはできないが、②二人になると三人分以上の力を発揮するということである。

　③日本人は会社で上司から何か依頼されると、「一人では無理です。他に何人か人を付けてください」と言う。集団に入っていると心が落ち着くが、一人になると不安でしょうがないのである。そのかわり、集団になると、赤信号でも平気で渡るような非常識なこともやってしまう。日本人の「集団の文化」は子どもの頃から身についている行動様式である。

<B> 번역해 봅시다.

①＿＿＿＿＿＿＿＿＿＿＿＿＿＿＿＿＿＿＿＿＿＿＿＿＿＿＿＿＿＿＿＿＿＿
②＿＿＿＿＿＿＿＿＿＿＿＿＿＿＿＿＿＿＿＿＿＿＿＿＿＿＿＿＿＿＿＿＿＿
③＿＿＿＿＿＿＿＿＿＿＿＿＿＿＿＿＿＿＿＿＿＿＿＿＿＿＿＿＿＿＿＿＿＿

문형연습
일본어는 한국어로, 한국어는 일본어로 바꿔보세요.

～かつ　　　～하면서도, ～이자 동시에, 게다가

1. 彼は、勉強に励み、かつスポーツにも大いに活躍している。
　かれ　べんきょう　はげ　　　　　　　　　　　　　　おお　かつやく
_____

2. (非常に・有益だ)　이 책은 매우 재미있으면서도 유익하다.
　　ひじょう　ゆうえき
_____

3. 그녀는 내 친구이자 경쟁자이기도 하다.
_____

～にも　　～하는 데에도/～하기에도

1. 街の中を移動するにも、地下鉄やバス路線が充実していて便利だ。
　まち　なか　いどう　　　　　ちかてつ　　　ろせん　じゅうじつ　　　べんり
_____

2. (秋・快適だ・季節)　가을은 무엇을 하기에도 쾌적한 계절이네요.
　　あき　かいてき　きせつ
_____

3. 무엇을 하려고 해도 돈이 드는 시대이네요.
_____

～て（で）しょうがない　～해서 견딜 수 없다

1．どうしてあんなに簡単に、人を好きになれたのか不思議でしょうがない。
　　　　　　　　　　　かんたん　ひと　す　　　　　　　　ふしぎ
_____

2. (掃除・洗濯・家事・めんどくさい)
　　そうじ　せんたく　かじ
　청소나 빨래 등 집안일이 귀찮아서 견딜 수가 없다.
_____

3. 다시는 그녀를 못 만날 거라고 생각하자 눈물이 나와 견딜 수 없었다.
_____

쉬운 통번역일본어

연습문제   제대로 공부 했나 확인해볼까요?

1. ひらがなのところを漢字（かんじ）で書（か）いてください。

ゆうめい（   ）　　せかい（   ）　　こうどう（   ）
せきにん（   ）　　ぶんか（   ）　　ふあん（   ）

2. 漢字（かんじ）のところをひらがなで書（か）いてください。

渡る　（   ）　　恐い　（   ）　　監督　（   ）
集団　（   ）　　発揮　（   ）　　依頼　（   ）

3. ＿＿の部分（ぶぶん）に入（い）れるのにもっとも適当（てきとう）なものを一つ選（えら）んでください。

①写真（しゃしん）を撮（と）るにも＿＿＿＿、とてもいい天気（てんき）ですね。

　1　遊（あそ）んでも　　2　遊（あそ）ぶにも　　3　遊（あそ）ぶのも　　4　遊（あそ）ぶのは

②梅雨（つゆ）の時期（じき）は洗濯物（せんたくもの）が＿＿＿＿＿＿しょうがないです。

　1　乾（かわ）いて　　2　乾（かわ）きにくくて　　3　乾（かわ）きにくい　　4　乾（かわ）きにくかった

③マスコミは、どんな場合（ばあい）も、正確（せいかく）＿＿＿＿迅速（じんそく）な報道（ほうどう）をしなければなりません。

　1　かつ　　　　2　ながら　　　　3　また　　　　4　つつ

Part 04. 번역연습

4．（　）の語の形を変えて、文を完成してください。

①仕事が終わった時、突然の大雨で_____にも帰れない状態になった。
(帰る)

일이 끝났을 때 갑작스런 폭우로 집에 가려해도 갈 수 없는 처지가 되었다.

②左足を捻挫して、一週間も出られなかったので、_____しょうがない。
(退屈だ)

왼발을 삐어서 1주일이나 외출을 못했기 때문에 심심해 죽겠다.

③就職博覧会は、いろんな情報や就職活動のヒントが得られて、_____かつ刺激的だった。
(有益だ)

취직박람회는 여러 정보와 취직활동에 대한 힌트를 얻을 수 있어 유익하고도 자극적이었다.

5．（　）に適当な助詞を入れてください。（入らない時はＸ）

①彼はコメディアン（　）、かつ世界的（　）有名な映画監督だ。
②日本人は、何（　）する（　）にも集団（　）行動する。
③集団（　）入っていると心が落ち着く（　）、一人（　）なると不安（　）しょうがない。

取引先の訪問

受付：いらっしゃいませ。

木村：富士通信の木村と申します。国際営業部のクォン部長にお会いしたいのですが。

受付：富士通信の木村様ですね。いつもお世話になっています。国際営業部のクォンですね。そちらで少々お待ちいただけますか。

木村：はい、ありがとうございます。

・・・・・・・・・・・・・・・・・・・・・・・・・

クォン：木村さん、お待たせいたしました。

木村：あっ、クォン部長。どうも先日はお世話になりました。

クォン：いいえ、こちらこそ。新井部長はお元気ですか。

木村：はい、おかげさまで。新井からもクォン部長によろしくとのことでした。

クォン：ありがとうございます。お帰りになったら、私からもよろしくお伝えください。

木村：はい、かしこまりました。

クォン：木村さん、昼食はまだですよね。食事をしてから打ち合わせしましょうか。

木村：恐れ入りますが、この後、クミ工場に行かなければなりませんので。

クォン：それじゃ、急いで仕事の方から片付けましょう。こちらへどうぞ。

木村：はい。よろしくお願いします。実は、今度の新モデルの件なんですが……

거래처 방문

안내 : 어서 오십시오.
기무라 : 후지통신의 기무라라고 합니다. 국제영업부의 권부장님을 만나 뵙고 싶은데요.
안내 : 후지통신의 기무라씨라고요. 늘 신세지고 있습니다. 국제영업부의 권부장님이시라고 하셨죠. 그쪽에서 잠시만 기다려 주시겠습니까?
기무라 : 예, 감사합니다.

• • • • • • • • • • • • • • • • • •

권오주 : 기무라씨, 오래 기다리셨죠.
기무라 : 아, 권부장님. 일전에는 정말 신세 많았습니다.
권오주 : 아닙니다. 저야말로 신세졌죠. 아라이부장님은 잘 지내시죠?
기무라 : 예, 덕분에요. 아라이부장님도 권부장님께 안부 전해달라고 하셨습니다.
권오주 : 고맙습니다. 돌아가시면 제 안부도 전해주세요.
기무라 : 예, 알겠습니다.
권오주 : 기무라씨, 아직 점심 전이시죠? 식사를 한 후에 협의할까요?
기무라 : 죄송합니다만, 끝나고 구미공장에 가야해서요.
권오주 : 그럼 서둘러 일 얘기를 마무리 지읍시다. 이쪽으로 오세요.
기무라 : 예. 잘 부탁드립니다. 실은 이번 신제품 건인데요........

書き取りの練習①
か と　　れんしゅう

안내　　：＿＿＿＿＿＿＿＿＿＿＿＿＿＿＿＿＿＿＿＿＿
기무라：＿＿＿＿＿＿＿＿＿＿＿＿＿＿＿＿＿＿＿＿＿

안내　　：＿＿＿＿＿＿＿＿＿＿＿＿＿＿＿＿＿＿＿＿＿
　　　　＿＿＿＿＿＿＿＿＿＿＿＿＿＿＿＿＿＿＿＿＿
기무라：＿＿＿＿＿＿＿＿＿＿＿＿＿＿＿＿＿＿＿＿＿

● ●

권오주：＿＿＿＿＿＿＿＿＿＿＿＿＿＿＿＿＿＿＿＿＿
기무라：＿＿＿＿＿＿＿＿＿＿＿＿＿＿＿＿＿＿＿＿＿
권오주：＿＿＿＿＿＿＿＿＿＿＿＿＿＿＿＿＿＿＿＿＿
기무라：＿＿＿＿＿＿＿＿＿＿＿＿＿＿＿＿＿＿＿＿＿

권오주：＿＿＿＿＿＿＿＿＿＿＿＿＿＿＿＿＿＿＿＿＿
기무라：＿＿＿＿＿＿＿＿＿＿＿＿＿＿＿＿＿＿＿＿＿
권오주：＿＿＿＿＿＿＿＿＿＿＿＿＿＿＿＿＿＿＿＿＿
기무라：＿＿＿＿＿＿＿＿＿＿＿＿＿＿＿＿＿＿＿＿＿
권오주：＿＿＿＿＿＿＿＿＿＿＿＿＿＿＿＿＿＿＿＿＿
기무라：＿＿＿＿＿＿＿＿＿＿＿＿＿＿＿＿＿＿＿＿＿

書き取りの練習②
<small>か と れんしゅう</small>

<A>

　<small>わたし　いろ あらわ　　　 しろ　　 あか　　 くろ　　 あお</small>
　私たちは色を表すとき、「白い」「赤い」「黒い」「青い」＿＿＿＿＿＿、
<small>みどり　 き　 むらさき</small>
「緑い」「黄い」「紫い」＿＿＿＿＿＿＿＿。どうしてでしょうか。

　<small>みどり き むらさき　 いろ　　 ひかくてき あたら</small>
　それは、緑、黄、紫といった色が、比較的新しく＿＿＿＿＿＿＿からだそうで
　　　　　<small>みどり き むらさき はつおん　 もんだい　　　　　　　　　　　　　　　　　　　きいご</small>
す。　また、緑や黄、紫の発音にも問題がありました。＿＿＿＿＿＿も最後が
　　　<small>お　　　　　　　　　　　　　　　　　　　おく</small>
「I」で終わっているので、「I」のあと、「い」を送ると＿＿＿＿＿＿＿＿。
　　　<small>いろ　　 ことば つか　　みどりいろ　 きいろ　 むらさきいろ</small>
だから、「色」という言葉を使って、「緑色」「黄色」「紫色」と＿＿＿＿＿
＿＿＿＿＿＿＿。

<B>

　<small>わたし　いろ あらわ　　　 しろ　　 あか　　 くろ　　 あお</small>
　私たちは色を表すとき、「白い」「赤い」「黒い」「青い」＿＿＿＿＿＿、
<small>みどり　 き　 むらさき</small>
「緑い」「黄い」「紫い」＿＿＿＿＿＿＿＿。どうしてでしょうか。

　<small>みどり き むらさき　 いろ　　 ひかくてき あたら</small>
　それは、緑、黄、紫といった色が、比較的新しく＿＿＿＿＿＿＿＿＿＿＿
　<small>みどり き むらさき はつおん</small>
＿＿＿。また、緑や黄、紫の発音にも＿＿＿＿＿＿＿＿＿＿。＿＿＿＿＿＿も
<small>きいご　　 お　　　　　　　　　　　　　　　　　　　おく</small>
最後が「I」で終わっているので、「I」のあと、「い」を送ると＿＿＿＿＿＿。
　　　　　　　　　　　　　　　　　　　　　<small>みどりいろ　 きいろ　 むらさきいろ</small>
だから、＿＿＿＿＿＿＿＿＿＿＿＿＿＿＿＿、「緑色」「黄色」「紫色」と
＿＿＿＿＿＿＿。

<C>

＿＿＿＿＿＿＿＿＿＿＿＿＿＿＿＿＿＿＿＿＿＿＿＿＿＿＿＿＿＿＿＿＿＿＿

＿＿＿＿＿＿＿＿＿＿＿＿＿＿＿＿＿＿＿＿＿＿＿＿＿＿＿＿＿＿＿＿＿＿＿

＿＿＿＿＿＿＿＿＿＿＿＿＿＿＿＿＿＿＿＿＿＿＿＿＿＿＿＿＿＿＿＿＿＿＿

＿＿＿＿＿＿＿＿＿＿＿＿＿＿＿＿＿＿＿＿＿＿＿＿＿＿＿＿＿＿＿＿＿＿＿

ホンネが見える韓国

<A> 한자가 익숙해질 때까지 소리 내어 읽어 봅시다.

　ある日、私のアパートの風呂場のシャワー設備が壊れたので、近所の店に行って修理を依頼し、新しい器具と取り替えることにした。韓国製は8万ウォン、外国製は13万ウォンの二種類あるというが、デザインも機能もほぼ同じように見えたので、韓国製を買った。取り付け作業は、五分くらいで完了した。しかし、テストをしてみると、シャワーを止めてもシャワーの先から水が流れ出ているではないか。①私が文句を言って、もう一度ゆっくり直してくれと頼んだところ、「②忙しい中を特別に来たのに、そんなに文句を言われるなら次のお客が待っているので帰ります」と言って、取り付けた器具を外して持って帰ってしまった。おそらく彼の本当の気持ちは、「安い方を買っておいて、しかも③忙しいところを無理して取り付けに来たのに、文句ばかり言われて、こんな仕事はやっていられない」であろう。
　韓国人のホンネは言葉からではなく、話している時の顔の表情や態度から簡単に知ることができる。なぜなら、韓国人は日本人よりも感情的なので、少しでもホンネの部分に触れられると、すぐに内心が表に現れるからである。

<B>　번역해 봅시다.

①_____
②_____
③_____

문형연습

일본어는 한국어로, 한국어는 일본어로 바꿔보세요.

～られる　　～되다, ~함을 당하다

1. 歌は好きだけど、以前、音痴と言われて、歌うことに自信がなくなった。

2. (指輪・忘れる・ひどい・叱る)
   엄마의 소중한 반지를 잃어버려서 엄마에게 심하게 혼났다.

3. 아이가 입원해서 맞벌이부부인 우리는 아주 난처하다.

～たところ　　～했더니

1. 先生のお宅へうかがったところ、あいにく先生はいませんでした。

2. (電話帳・調べる) 전화번호부로 찾아봤더니, 타쿠야라는 이름이 10명이나 있었다.

3. 회사에 전화했더니, 다나카씨는 외근을 나갔다고 한다.

～ところ　　～한데, ~할 때(상황)에

1. お忙しいところをわざわざおいでいただき、ありがとうございます。

2. (危ない・助ける)　위험한 상황에 도와주셔서 고맙습니다.

3. 바쁘실 때 방문해서 죄송합니다.

연습문제 제대로 공부 했나 확인해볼까요?

1. ひらがなのところを漢字(かんじ)で書(か)いてください。

おもて （　　　）　　きんじょ（　　　　）　　せつび （　　　　）
さぎょう（　　　）　　なおす （　　　　）　　とくべつ（　　　　）

2. 漢字(かんじ)のところをひらがなで書(か)いてください。

種類 （　　　）　　機能 （　　　　）　　器具 （　　　　）
表情 （　　　）　　態度 （　　　　）　　簡単 （　　　　）

3. ____の部分(ぶぶん)に入(い)れるのにもっとも適当(てきとう)なものを一つ選(えら)んでください。

①犯人(はんにん)はパチンコをしていた＿＿＿＿、警官(けいかん)に逮捕(たいほ)された。
　1　ところを　　2　ところで　　3　ところに　　4　ところが

②周(まわ)りからいつも姉(あね)と＿＿＿＿、いやになってしまいます。
　1　比(くら)べて　　2　比(くら)べられて　　3　比(くら)べさせて　　4　比(くら)べないで

③山田(やまだ)さんの家(いえ)へ遊(あそ)びに行(い)った＿＿＿＿、ちょうど川本(かわもと)さんが来(き)ていた。
　1　ところ　　2　ばかり　　3　だけに　　4　ことに

4．（　）の語の形を変えて、文を完成してください。

① _____ところに選挙カーが来て急にうるさくなった。
　　　（静かだ）

　조용할 때 선거홍보차가 와서 갑자기 시끄러워졌다.

②夕べ雨に_____、風邪を引いてしまいました。
　　　　　　　（降る）

　어제 저녁 비를 맞아서 감기에 걸리고 말았습니다.

③取引先に_____ところ、喜んで引き受けてくれた。
　　　　　　（頼む）

　거래처에 부탁했더니 기꺼이 해주기로 했다.

5．（　）に適当な助詞を入れてください。（入らない時はX）

①デザインも機能（　）ほぼ同じ（　）ように見えた（　）、韓国製を買った。

②忙しい（　）ところ（　）無理して取り付けに来た（　）、文句ばかり言われた。

③話している時の顔（　）表情（　）態度から簡単に知ること（　）できる。

電話①

社員：はい、韓国電子でございます。

木村：富士通信の木村と申しますが、国際営業部のチュ・ユンミ課長をお願いしたいのですが。

社員：チュ・ユンミでございますね。ただいま代わりますので、少々お待ちください。

・・・・・・・・・・・・・・・・・・・・

チュ：お電話、代わりました。チュでございます。

木村：チュ課長、富士通信の木村です。いつもお世話になっています。

チュ：ああ、木村さん、こちらこそお世話になっています。

木村：新モデルの件でお電話したのですが、いまお電話よろしいですか。

チュ：はい、いいですよ。

木村：先日、おじゃましました時、少し画像ぶれが生じると言いましたが、どうなりましたか。

チュ：それは解決できました。今、サンプルを作っているところです。

木村：そうですか。では、いつ頃拝見できますか。

チュ：今週末までできあがると思いますので、来週にはご覧になれると思います。

木村：それは、よかった。では、ブルーとピンクを両方とも送ってくださいね。

チュ：はい、かしこまりました。

木村：では、よろしくお願いします。

전화①

사원　: 한국전자입니다.
기무라 : 후지통신의 기무라라고 합니다만, 국제영업부의 주윤미과장님을 부탁드립니다.
사원　: 주윤미과장님 말씀이시죠. 바로 연결해 드리겠으니 잠시만 기다려 주세요.

● ● ● ● ● ● ● ● ● ● ● ● ● ● ● ● ● ● ●

주윤미 : 전화 바꿨습니다. 주윤미입니다.
기무라 : 주과장님、후지통신의 기무라입니다. 늘 신세지고 있습니다.
주윤미 : 아, 기무라씨、저희야말로 신세가 많습니다.
기무라 : 신모델 건으로 전화 드렸는데 지금 통화 괜찮으세요?
주윤미 : 예, 괜찮습니다.
기무라 : 지난 번 방문했을 때 약간 화상이 흔들린다고 말씀드렸는데 어떻게 되었습니까?
주윤미 : 그건 해결했습니다. 지금 샘플을 만들고 있는 중입니다.
기무라 : 그러세요. 그럼 언제쯤 볼 수 있을까요?
주윤미 : 이번 주말까지 완성될 것 같으니까, 다음 주에는 보실 수 있을 것입니다.
기무라 : 그거 잘됐네요. 그럼 블루와 핑크를 둘 다 보내주세요.
주윤미 : 예, 알겠습니다.
기무라 : 그럼 잘 부탁드립니다.

書き取りの練習①
<small>か　と　　　　れんしゅう</small>

사원　　：_____
기무라　：_____
　　　　　_____
사원　　：_____
　　　　　_____

• • • • • • • • • • • • • • • • • •

주윤미　：_____
기무라　：_____
주윤미　：_____
기무라　：_____
주윤미　：_____
기무라　：_____

주윤미　：_____
기무라　：_____
주윤미　：_____

기무라　：_____
주윤미　：_____
기무라　：_____

書き取りの練習②

<A>
　他人と話すとき、お父さんのことを「＿＿＿」、おかあさんは「＿＿＿」と言います。自分の夫については「＿＿＿＿＿」が一般的ですが、最近は名字で＿＿＿＿＿＿＿＿＿＿。たとえば、「木村は出かけています」という具合いです。なぜ、夫を名字で＿＿＿＿＿＿＿＿＿＿。それは、世の中が男性と女性を差別しなくなって、「＿＿＿＿＿」と言うと、妻が夫の召使いのように聞こえて、ふさわしくないと思ったからです。

<B>
　他人と話すとき、お父さんのことを「＿＿＿」、おかあさんは「＿＿＿」と言います。自分の夫については「＿＿＿＿＿」が一般的ですが、最近は名字で＿＿＿＿＿＿＿＿＿＿。たとえば、「木村は出かけています」＿＿＿＿＿＿。なぜ、夫を名字で＿＿＿＿＿＿＿＿＿＿。それは、世の中が男性と女性を差別しなくなって、「＿＿＿＿＿＿＿」と言うと、妻が夫の召使い＿＿＿＿＿＿＿＿＿＿＿＿＿と思ったからです。

<C>
＿＿＿＿＿＿＿＿＿＿＿＿＿＿＿＿＿＿＿＿＿＿＿＿
＿＿＿＿＿＿＿＿＿＿＿＿＿＿＿＿＿＿＿＿＿＿＿＿
＿＿＿＿＿＿＿＿＿＿＿＿＿＿＿＿＿＿＿＿＿＿＿＿
＿＿＿＿＿＿＿＿＿＿＿＿＿＿＿＿＿＿＿＿＿＿＿＿
＿＿＿＿＿＿＿＿＿＿＿＿＿＿＿＿＿＿＿＿＿＿＿＿

ホンネが見えない日本

＜A＞ 한자가 익숙해질 때까지 소리 내어 읽어 봅시다.

　つい最近、うちの会社の営業課長が日本の某企業と商談をした際に、最後になってだまされたという話を聞いた。内容を聞いてみると、その営業課長が最終段階の交渉で「この契約書の内容でよろしいでしょうか。①よろしかったらサインをして送ってくださいませんか」と確認したところ、担当の日本人が「そうですね」と答えたので了解したと思い、上司に報告をしたあと、仲間といっしょに祝賀会まで開いたのである。ところが、一週間くらい経って日本の企業から「検討した結果、あの商談はなかったことにしてください」と連絡があってキャンセルされてしまった。
　おそらく日本人のよく使う「そうですね、あとでじっくり検討してみます」という言葉の後半が省略されていたのと、②「そうですね～」と言葉の最後の部分が下がりながら余韻を残して話したのだと思う。この場合はたいてい否定的な意味になることが多い。その日本人はだましたのではなくて、③暗黙のうちに断っていたのである。
　日本人はなかなか、「ホンネを見せない文化」なのである。

＜B＞ 번역해 봅시다.

① _____

② _____

③ _____

문형연습

일본어는 한국어로, 한국어는 일본어로 바꿔보세요.

~たら   ~하면, ~하니까, ~하거든, ~할 때, ~하였더니

1. ボーナスをたくさんもらったら、海外旅行に連れていってくださいね。
   _____

2. (薬・頭痛・治る)　약을 먹었더니 두통이 나았습니다.
   _____

3. 산책을 하고 있을 때 갑자기 비가 왔다.
   _____

~ことにする   ~하기로 하다

1. ガソリン代がかなり高くなって、電車で出勤することにしました。
   _____

2. (最近・体重・増える・毎日・ジョギングする)
   최근에 체중이 늘었기 때문에 매일 조깅하기로 했습니다.
   _____

3. 비가 와서 역까지 마중가기로 했습니다.
   _____

~うちに   ~하는 동안에, ~하기 전에, ~범위 안에

1. 明るいうちに帰らないと、この辺りの夜道は危ないですよ。
   _____

2. (寒くなる・冬ぶとん・出しておく)　추워지기 전에 겨울이불을 내놓읍시다.
   _____

3. 젊을 때 많이 공부해 두는 것이 좋습니다.
   _____

연습문제 제대로 공부 했나 확인해볼까요?

1. ひらがなのところを漢字(かんじか)で書いてください。

だんかい（　　　）　　れんらく（　　　　）　　ないよう（　　　　　）
おくる　（　　　）　　ほうこく（　　　　）　　けんとう（　　　　　）

2. 漢字(かんじ)のところをひらがなで書(か)いてください。

営業　（　　　）　　課長　（　　　　）　　商談（　　　　）
確認　（　　　）　　交渉　（　　　　）　　契約（　　　　）

3. ＿＿の部分(ぶぶん)に入れるのにもっとも適当(てきとう)なものを一つ選(えら)んでください。

①なっとうを＿＿＿＿＿＿、思(おも)ったよりおいしかったです。
　1　食(た)べるみると　2　食(た)べてみるなら　3　食(た)べてみても　4　食(た)べてみたら

②二日酔(ふつかよ)いで苦労(くろう)したので、当分(とうぶん)お酒(さけ)は飲(の)まない＿＿＿＿＿にしました。
　1　の　　　　　2　こと　　　　　3　もの　　　　　4　ところ

③この試験(しけん)は難(むずか)しい＿＿＿＿＿数(かぞ)えられないです。
　1　ことに　　　2　うちに　　　　3　ながら　　　　4　ところ

4．（　）の語の形を変えて、文を完成してください。

①今朝窓を＿＿＿＿＿＿たら、まだ花が咲いていませんでした。

　　　　　　　（開けてみる）

오늘 아침 창문을 열어봤더니 아직 꽃이 피지 않았습니다.

②お金を使いすぎたので、これ以上何も＿＿＿＿＿ことにしました。

　　　　　　　　　　　　　　　　　　　（買う）

돈을 너무 많이 써서 이 이상 아무것도 사지 않기로 했습니다.

③どうぞ＿＿＿＿＿うちに召し上がってください。

　　　　　（冷める）

자, 식기 전에 드세요.

5．（　）に適当な助詞を入れてください。（入らない時は✗）

①担当（　）日本人が「そうですね」と答えた（　）了解した（　）思った。

②日本の企業（　）「商談はなかったこと（　）してください」と連絡があった。

③その日本人はだましたのではなくて、暗黙（　）うち（　）断っていたのである。

電話②

社員：はい、韓国電子でございます。

木村：富士通信の木村と申しますが、国際営業部のチュ・ユンミ課長をお願いしたいのですが。

社員：あいにくチュ・ユンミは、ただ今外出しておりますが。

木村：そうですか。実は、新モデルの件でお電話したのですが。

社員：申し訳ございません。担当の者が全員外出しておりまして。よろしければ、ご伝言をお伺いしましょうか。

木村：はい、お願いいたします。この前の新モデルが、売れ行きが好調で、カラーを2種類増やして増産していただきたいとお伝えください。

社員：申し訳ございません。少しお電話が遠いのですが、もう一度おっしゃっていただけますか。

木村：新モデルの増産のお願いですが、売れ行きが好調で、カラーを2種類増やして増産してくださいとお伝えください。

社員：新モデルのカラーを二種類増やして増産してほしいということですね。

木村：そうです。

社員：確かにうけたまわりました。私、営業部のソン・チへと申します。チュが戻りましたら、そのようにお伝えします。

전화②

사원 : 한국전자입니다.
기무라 : 후지통신의 기무라입니다만, 국제영업부의 주윤미과장님을 부탁합니다.
사원 : 공교롭게도 주윤미과장님은 지금 외출중입니다만.
기무라 : 그래요. 신 모델 건으로 전화 드렸습니다.
사원 : 죄송합니다. 담당자가 전원 외출중이라서요.
괜찮으시면 메모를 남겨드릴까요?
기무라 : 예, 부탁합니다. 일전의 신모델이 판매상황이 좋아서 컬러를 2종류 늘려서 증산을 부탁드린다고 전해주세요.
사원 : 죄송합니다. 전화 감이 좀 멀어서요, 다시 한번 말씀해 주시겠습니까?
기무라 : 신모델 증산 의뢰입니다만, 판매상황이 좋아서 컬러를 2종류 늘려서 증산을 부탁드린다고 전해주세요.
사원 : 신 모델 컬러를 2종류 늘려서 증산해달라는 말씀이시죠?
기무라 : 그렇습니다.
사원 : 확실하게 전달받았습니다. 저는 영업부의 송지혜라고 합니다.
주과장님이 돌아오시면 그렇게 전하겠습니다.

書き取りの練習①
<small>か　と　　　　れんしゅう</small>

사원　：＿＿＿＿＿＿＿＿＿＿＿＿＿＿＿＿＿＿＿＿＿＿＿＿
기무라：＿＿＿＿＿＿＿＿＿＿＿＿＿＿＿＿＿＿＿＿＿＿＿＿
　　　　＿＿＿＿＿＿＿＿＿＿＿＿＿＿＿＿＿＿＿＿＿＿＿＿
사원　：＿＿＿＿＿＿＿＿＿＿＿＿＿＿＿＿＿＿＿＿＿＿＿＿
기무라：＿＿＿＿＿＿＿＿＿＿＿＿＿＿＿＿＿＿＿＿＿＿＿＿
사원　：＿＿＿＿＿＿＿＿＿＿＿＿＿＿＿＿＿＿＿＿＿＿＿＿
　　　　＿＿＿＿＿＿＿＿＿＿＿＿＿＿＿＿＿＿＿＿＿＿＿＿
기무라：＿＿＿＿＿＿＿＿＿＿＿＿＿＿＿＿＿＿＿＿＿＿＿＿
　　　　＿＿＿＿＿＿＿＿＿＿＿＿＿＿＿＿＿＿＿＿＿＿＿＿
사원　：＿＿＿＿＿＿＿＿＿＿＿＿＿＿＿＿＿＿＿＿＿＿＿＿
　　　　＿＿＿＿＿＿＿＿＿＿＿＿＿＿＿＿＿＿＿＿＿＿＿＿
기무라：＿＿＿＿＿＿＿＿＿＿＿＿＿＿＿＿＿＿＿＿＿＿＿＿
　　　　＿＿＿＿＿＿＿＿＿＿＿＿＿＿＿＿＿＿＿＿＿＿＿＿
사원　：＿＿＿＿＿＿＿＿＿＿＿＿＿＿＿＿＿＿＿＿＿＿＿＿
　　　　＿＿＿＿＿＿＿＿＿＿＿＿＿＿＿＿＿＿＿＿＿＿＿＿
기무라：＿＿＿＿＿＿＿＿＿＿＿＿＿＿＿＿＿＿＿＿＿＿＿＿
　　　　＿＿＿＿＿＿＿＿＿＿＿＿＿＿＿＿＿＿＿＿＿＿＿＿
사원　：＿＿＿＿＿＿＿＿＿＿＿＿＿＿＿＿＿＿＿＿＿＿＿＿
　　　　＿＿＿＿＿＿＿＿＿＿＿＿＿＿＿＿＿＿＿＿＿＿＿＿

書き取りの練習②

<A>

　アメリカやヨーロッパでは、サインがよく使われます。しかし、日本は、まだハンコが一般的です。サインでOKなのは、宅配便の＿＿＿＿＿＿くらいです。
　日本でサインが発達しなかたのは、一つは、＿＿＿＿＿＿＿＿＿＿＿＿＿＿。わざわざ漢字を書く必要がないからです。もう一つは、日本人は字を書くとき、＿＿＿＿＿＿習慣がありましたが、サインは普通＿＿＿＿＿＿＿からです。そこで、やはりハンコがいいとなったようです。

<B>

　アメリカやヨーロッパでは、サインがよく使われます。しかし、日本は、まだ＿＿＿＿＿＿＿＿＿＿＿。サインでOKなのは、宅配便の＿＿＿＿＿＿くらいです。
　日本でサインが発達しなかたのは、一つは、＿＿＿＿＿＿＿＿＿＿＿＿＿＿。わざわざ漢字を書く＿＿＿＿＿＿＿＿＿＿。もう一つは、日本人は字を書くとき、＿＿＿＿＿＿習慣がありましたが、サインは普通＿＿＿＿＿＿＿からです。そこで、やはりハンコがいい＿＿＿＿＿＿＿＿＿＿＿＿＿。

<C>

_____
_____
_____
_____
_____

量が大事な韓国

<A> 한자가 익숙해질 때까지 소리 내어 읽어 봅시다.

以前、高校時代の柔道部の友人が韓国にはじめて来た時、①彼のおごりで昼食を食べることになって、ある食堂に入った。友人は石焼きご飯と冷麺とギョウザを注文した。②ところがである。注文したメインの品物が出てくる前に、次から次へと韓国特有の「つき出し」が食卓いっぱいに並べられた。それを見た友人は私に「注文したのと全然違うものがきている。お前の韓国語の注文が間違っているのではないか。一皿300円として十皿もあるから3,000円以上になる。俺はこんなもの注文していないから、この分はお前が払え」と冗談半分で叫んだ。「わかった、わかった。私が払うから安心して食べなさい」と笑いながら言うと、友人はものすごい勢いで食べ始めた。しばらくして石焼きご飯とみそ汁と焼き魚など、また何種類かのおかずが出てきた。彼は目を白黒させながらそれを食べたが、そのあとに出てきた冷麺とギョウザは、③さすがの元柔道五段も全部食べることができなかった。この事例からもわかるように、韓国はすべての面において量を重んじる文化である。

<B> 번역해봅시다.

① _____

② _____

③ _____

Part 07. 번역연습

문형연습
일본어는 한국어로, 한국어는 일본어로 바꿔보세요.

~ことになる ~하기로 되다, ~하게 되다

1. 明日の夜6時、空港の出発ロビーに集まることになっています。
   _____

2. (支社・働く)   내년부터 미국 지사에서 일하게 되었습니다.
   _____

3. 내일 호텔에서 축하파티가 열리게 되었습니다.
   _____

동사의 명령형 ~해(라)

1. 何だ、このひどい点数は。ちゃんと勉強しろ。
   _____

2. (悪いところ・よいところ)   사람의 나쁜 점보다는 좋은 점을 봐.
   _____

3. 빨리 일어나. 안 그러면 수업에 늦는다.
   _____

~において ~에서, ~에 있어서

1. 2008年のオリンピックは、北京において行われることになった。
   _____

2. (サッカーのワールドカップ・開催する)

   2002년 축구 월드컵은 한국에서 개최되었습니다.
   _____

3. 최근 가정에서 맞벌이가 늘고 있습니다.
   _____

연습문제　제대로 공부 했나 확인해볼까요?

1. ひらがなのところを漢字で書いてください。
   じだい（　　　）　　ちゅうしょく（　　　）　ちゅうもん（　　　）
   はらう（　　　）　　まちがう（　　　）　　　あんしん（　　　）

2. 漢字のところをひらがなで書いてください。
   品物（　　　）　　　並べる（　　　）　　　　食卓（　　　）
   勢い（　　　）　　　種類（　　　）　　　　　冗談（　　　）

3. ＿＿の部分に入れるのにもっとも適当なものを一つ選んでください。
   ① この部屋には関係者以外には入ってはいけない＿＿＿＿になっています。
   　　1　の　　　　2　こと　　　3　もの　　　　4　ところ

   ② 私は、風に当たりながら、「しっかり＿＿＿＿」と自分に言い聞かせていた。
   　　1　するよ　　2　しろ　　　3　するの　　　4　せず

   ③ 当時に＿＿＿＿海外旅行は夢のようなことでした。
   　　1　おいては　2　なら　　　3　関しては　　4　ついては

4．（　）の語の形を変えて、文を完成してください。

①お申し込みをする時は、写真も一枚＿＿＿＿＿＿＿＿ことになっています。
　　　　　　　　　　　　　　　　　　　（出す）

신청하실 때는 사진도 한 장 내게 되어있습니다.

②＿＿＿＿＿＿＿＿。プレゼンテーションの前にこの資料を届けるんだよ。
　　　　　（急ぐ）

서둘러. 프레젠테이션 전에 자료를 전달해야해.

③職場＿＿＿＿＿＿＿家庭＿＿＿＿＿＿＿自分の居場所が見つからず、つらい思いをしている人が多いです。（において）

직장에서도 가정에서도 자신의 설 자리를 찾지 못하고 마음고생을 하고 있는 사람이 많습니다.

5．（　）に適当な助詞を入れてください。（入らない時はＸ）

①彼のおごり（　）昼食を食べること（　）なって、ある食堂（　）入った。

②一皿（　）300円として十皿（　）あるから3,000円以上になる。

③この事例（　）もわかるように、韓国はすべて（　）面（　）おいて量を重んじる文化である。

工場の見学

キム　：こちらが当社のクミ工場です。

木村　：立派な工場ですね。

キム　：はい。最新の設備を誇っています。

木村　：稼働状況はいかがですか。

キム　：最近、日本や中国などアジア向け製品がとても反応がよくて、生産が注文に追いつかず、24時間フル稼働しています。

木村　：それは、すばらしいですね。

キム　：では、本工場のご案内は、生産一課課長のパクがいたしますので。

パク　：クミ工場へようこそいらっしゃいました。パク・ミンホと申します。よろしくおねがいします。

木村　：木村です。こちらこそよろしくおねがいします。

パク　：では、さっそくご案内します。本工場は、メインビル、A棟、B棟、C棟から構成されています。そのうち、メインビルには食堂や福祉施設が入っており、社員教育などもこちらで行われます。

木村　：日本向け製品を生産するビルはどちらですか。

パク　：それは、C棟です。海外向けの製品はそちらで生産されます。

木村　：では、先に生産ラインの方を見学できますか。

パク　：もちろんです。そちらの方にご案内します。

木村　：お願いします。

공장견학

김민성: 여기가 저희 회사 구미공장입니다.
기무라: 훌륭한 공장이군요.
김민성: 네, 최신설비를 자랑하고 있습니다.
기무라: 가동상황은 어떻습니까?
김민성: 최근 일본이나 중국 등 아시아시장을 겨냥한 제품이 매우 반응이 좋아서 생산이 주문을 따라가지 못해 24시간 풀가동하고 있습니다.
기무라: 대단하네요.
김민성: 그럼 본 공장 안내는 생산1과의 박과장님이 해주시겠습니다.
박민호: 구미공장에 잘 오셨습니다. 박민호라고 합니다.
        잘 부탁드립니다.
기무라: 기무라입니다. 저야말로 잘 부탁드립니다.
박민호: 그럼 바로 안내하겠습니다. 본 공장은 메일빌딩, A동, B동, C동으로 구성되어 있습니다. 그 중에 메인빌딩에는 식당과 복지시설이 들어와 있고 사원교육 등도 여기서 이루어집니다.
기무라: 일본수출제품을 생산하는 빌딩은 어디입니까?
박민호: 그것은 C동입니다. 해외수출제품은 그쪽에서 생산됩니다.
기무라: 그럼 먼저 생산라인 쪽을 둘러 볼 수 있습니까?
박민호: 물론입니다. 그쪽으로 안내하겠습니다.
기무라: 부탁합니다.

書き取り練習①
<small>か　と　れんしゅう</small>

김민호: _____
기무라: _____
김민호: _____
기무라: _____
김민호: _____
_____

기무라: _____
김민호: _____
박민호: _____

기무라: _____
박민호: _____
_____
_____
_____

기무라: _____
박민호: _____
기무라: _____
박민호: _____
기무라: _____

書き取りの練習②

<A>

　アメリカの「マクドナルド」を東京など関東地方では「マック」_____、大阪など関西地方では「マクド」_____。東京の人には、ほかの関西弁は別にいいけど、この「マクド」だけは_____多いようです。

　このような違いはどこから来るのでしょうか。いろんな意見がありますが、その一つは、関西人は、「ありがとう」という意味の「_____」のように三文字で真ん中にアクセントがあることばが_____とされます。

<B>

　アメリカの「マクドナルド」を東京など関東地方では「マック」_____、大阪など関西地方では「マクド」_____。東京の人には、ほかの関西弁は_____、この「マクド」だけは_____。_____はどこから来るのでしょうか。いろんな意見がありますが、その一つは、関西人は、「ありがとう」という意味の「_____」のように三文字で真ん中にアクセントがあることばが_____とされます。

<C>

_____
_____
_____
_____
_____

質が大事な日本

<A> 한자가 익숙해질 때까지 소리 내어 읽어 봅시다.

　私は韓国人の知人たちに、こんなクイズを出してみた。

「①今ここに、同じ大きさで、同じ品質の梨が一個五千ウォンで売られています。三個買うと一万ウォンと割安になりますが、食べるのは一人です。あなたなら、何個を買いますか」

　男女含めて三十人くらいの韓国人に試してみたが、すべての人が三個買うと答えた。その理由はやはり「当然でしょう、三個買えば五千ウォン得するし、②食べられなかったら、残りは冷蔵庫に入れてあとで食べればいいでしょう」である。

　私はとても興味があったので、日本に戻った時に、近所の主婦や知人に同じクイズを出してみた。すると、③ほとんどの日本人たちからは韓国人とは反対の答えが返ってきた。

「野菜や果物は新鮮さが命です。たとえ冷蔵庫に入れていても一日経てばそれだけ古くなり、価値が半分にさがるから、一日一個食べたとして二個目の梨の価値はその半分になり、三個目の梨の価値はまたその半分になる」というのである。

　このように韓国人は「量」に価値を見出し、日本人は「質」に価値を置いている。

<B> 번역해 봅시다.

① _____

② _____

③ _____

문형연습

일본어는 한국어로, 한국어는 일본어로 바꿔보세요.

～ば　　～하면서도, ~이자 동시에, 게다가

1. 「終わりよければすべてよし」という話もあるじゃないですか。

2. (協力する・もっと・できる)
   모두가 협력해주었으면 좀 더 빨리 완성되었을 것이다.

3. 만약 콘서트 표를 살 수 있으면 꼭 가보고 싶어요.

たとえ～ても　　비록~라고 해도

1. 人は自分らしく生きている時、たとえ貧しくても、幸せだと感じます。

2. (つらい・めげる)　비록 일이 힘들더라도 기죽지 않고 열심히 하겠습니다.

3. 비록 부모님이 반대하더라도 그녀와 결혼할 생각입니다.

～として（も）　　~라고 가정하고(해도)

1. 今になってあやまったとしても、許してもらえないだろう。

2. (仮に・出発する)　가령 비가 온다고 해도 내일은 출발합니다.

3. 해외여행을 안 간다고 해도 돈은 돌려받을 수 없잖아요.

연습문제 제대로 공부 했나 확인해볼까요?

1. ひらがなのところを漢字(かんじ)で書(か)いてください。

りゆう　（　　　）　　とうぜん（　　　）　　のこり（　　　）
はんたい（　　　）　　かえる　（　　　）　　やさい（　　　）

2. 漢字(かんじ)のところをひらがなで書(か)いてください。

新鮮　（　　　）　　近所　（　　　）　　興味（　　　）
品質　（　　　）　　割安　（　　　）　　価値（　　　）

3. ＿＿の部分(ぶぶん)に入(い)れるのにもっとも適当(てきとう)なものを一つ選(えら)んでください。

①みなさんが面接官(めんせつかん)だ＿＿＿＿＿、こんな志望動機(しぼうどうき)を聞かされたら採用(さいよう)しますか。

　1　というのは　　2　として　　3　から　　4　が

②昔(むかし)は結婚(けっこん)＿＿＿＿＿一人前(いちにんまえ)と認(みと)めてもらえなかった。

　1　しなければ　　2　したら　　3　するなら　　4　しても

③＿＿＿＿＿みんなに反対(はんたい)されても、私(わたし)は絶対(ぜったい)にこの計画(けいかく)を実行(じっこう)します。

　1　しかし　　2　たとえ　　3　ところが　　4　やがて

4．（　）の語の形を変えて、文を完成してください。

①たとえクビに＿＿＿＿＿、この仕事はやりぬく。
（なる）

비록 해고를 당한다 하더라도 이 일을 끝까지 마무리할 것이다.

②映画館を探しているんですが、ここからどうやって＿＿＿＿＿ばいいんですか。
（行く）

영화관을 찾고 있는데요, 여기서부터 어떻게 가면 되나요?

③どちらが大統領に＿＿＿＿＿としても、北朝鮮問題はなかなか解決しにくいだろう。
（なる）

어느 쪽이 대통령이 되더라도 북한문제는 좀처럼 해결하기 어려울 것이다.

5．（　）に適当な助詞を入れてください。（入らない時はX）

①残りは冷蔵庫（　）入れてあと（　）食べればいいでしょう。
②野菜（　）果物（　）新鮮さ（　）命です。
③韓国人は「量」（　）価値を見出し、日本人は「質」（　）価値を置いている。

商品の説明

木村：あ、これが、新モデルですか。

ソン：はい、新モデルの「ハッピー」です。

木村：このケイタイのメリットは何ですか。

ソン：これも前のモデルと同じく、タッチパネル方式ですが、手書きで文字を入力したり、絵を描いてメールで送ったりもできます。

木村：へえ、それはおもしろそうですね。女子高生や女性に人気がありそうですね。

ソン：はい、もともと女性向に開発されたケイタイです。

木村：なるほど。また他にどんな機能がありますか。

ソン：もう一つは、タッチパネルはこれまで通り、指で操作できますが、タッチペンも試供品として提供するつもりです。

木村：それもいいですね。タッチパネル方式は、慣れないうちは操作しにくいですからね。

ソン：ただし、試供品ですから、本体内に入れる場所はありません。

木村：それは、そうでしょうね。でも、入れる場所がなかったら、ちょっと不便だろうなあ。

ソン：今回は、試供品として提供しますが、市場の反応を見ながら、あとで商品として開発する予定です。

木村：そうですか。期待しています。

상품설명

기무라: 아, 이게 신 모델입니까?
손문희: 네, 신모델인 '해피'입니다.
기무라: 이 휴대폰의 장점은 무엇입니까?
손문희: 이것도 전 모델과 마찬가지로 터치패드방식이지만, 손으로 직접 글을 입력하거나 그림을 그려서 메일로 보낼 수도 있습니다.
기무라: 와아, 그거 참 재미있을 것 같네요. 여고생이나 여성에게 인기가 있겠네요.
손문희: 네, 원래 여성을 타깃으로 개발된 휴대폰입니다.
기무라: 그렇군요. 그밖에 또 어떤 기능이 있습니까?
손문희: 또 하나는 터치패드는 지금까지 대로 손가락으로 조작합니다만, 터치팬도 샘플로 제공할 생각입니다.
기무라: 그것도 좋네요. 터치패드방식은 익숙해지기까지는 조작하기 어려우니까요.
손문희: 다만, 샘플이라서 본체 내에 넣을 공간은 없습니다.
기무라: 그건 그렇겠네요. 하지만 넣을 공간이 없으면 좀 불편하겠는데.
손문희: 이번에는 샘플로 제공하지만, 시장반응을 보면서 나중에 상품으로 개발할 예정입니다.
기무라: 그래요. 기대하겠습니다.

書き取りの練習①
<ruby>書<rt>か</rt></ruby>き<ruby>取<rt>と</rt></ruby>りの<ruby>練習<rt>れんしゅう</rt></ruby>①

기무라: _____
손문희: _____
기무라: _____
손문희: _____

기무라: _____

손문희: _____
기무라: _____
손문희: _____

기무라: _____

손문희: _____
기무라: _____
손문희: _____

기무라: _____

書き取りの練習②

<A>
　寿司というと、回転寿司を＿＿＿＿＿＿＿＿が多いと思います。私たちは、回転寿司店で＿＿＿＿＿＿、「六皿食べたけど、いくら？」と言います。つまり、寿司を＿＿＿＿単位が「皿」なのです。ところが、普通の寿司屋では、寿司は皿に乗せません。寿司の＿＿＿＿＿が「皿」ではなく、「カン」になります。たとえば「マグロを一カン、イカを一カンください」と注文します。寿司屋で「カン」ということばを使うと、何となく＿＿＿＿＿＿ような気がします。

<B>
　寿司というと、回転寿司を＿＿＿＿＿＿＿＿が多いと思います。私たちは、回転寿司店で＿＿＿＿＿＿、「六皿食べたけど、いくら？」と言います。つまり、寿司を＿＿＿＿単位が「皿」なのです。ところが、普通の寿司屋では、寿司は＿＿＿＿＿＿。寿司の＿＿＿＿＿が「皿」ではなく、「カン」になります。たとえば「マグロを一カン、イカを一カンください」と注文します。寿司屋で「カン」という＿＿＿＿＿＿と、何となく＿＿＿＿＿＿＿＿＿＿＿。

<C>
_____
_____
_____
_____
_____

現在重視の韓国

<A> 여러 번 읽어 봅시다.

　来韓して三年くらい経った時、アパートの近くに、おいしくて値段も手頃な寿司店が開店した。ところが、六ヶ月くらい経ったある日、カウンターに座って待っていると、現れたのは、初めて見る若い人だった。その板前は、なんと、いくつか注文した寿司のネタを全部切った後、シャリ（寿司のご飯）を握るのだった。私はあぜんとなった。ちょうどその時、社長が帰ってきたので、「前にいた板前はどうしたのですか」と尋ねると、「ああ、彼はもともと給料が高かったのに、この間さらに給料をあげてくれと要求したからクビにしました。どうせ韓国人は寿司の本当の味はわからないのだから大丈夫です。それに自分はいつまでも寿司屋をしているつもりはありません。私の夢はゴルフ場を経営することです」と答えた。あとで聞いたことだが、その社長は最初の六ヶ月の間で相当もうけて、それを元手に別な商売を始め、つい最近、念願のゴルフ場を手に入れたという。

　これは明らかに、目先のことに全力を集中して、ある程度目的を達成するとそれを捨てて、また新しい次の目標に向かうという韓国人の持っている特有の気質の表れである。

<B> 번역해 봅시다.

① _____
② _____
③ _____

문형연습 일본어는 한국어로, 한국어는 일본어로 바꿔보세요.

~ところが　　그런데

1. 彼は残業だから遅れると言った。ところが、家に帰ると先に帰っていた。

2. (晴れる・急に・降り出す)
   날씨가 좋아서 세탁을 했다. 그런데 갑자기 비가 내리기 시작했다.

3. 그 선수는 매우 강해 보였다. 그런데 너무나 쉽게 지고 말았다.

ちょうど　　때마침, 정확히

1. ちょうどいいところに来た。手が足りなくて困っていたんだよ。

2. (駅・着く) 역에 도착했더니 때마침 전철이 왔다.

3. 너한테 딱 맞는 아르바이트를 발견했어.

さらに　　더욱, 한층

1. 台風の影響で、今晩からさらに風と雨がひどくなるでしょう。

2. (竹島問題・対日感情・悪化する) 독도문제로 대일감정은 더욱 악화되었다.

3. 이번 달 들어 더욱 기온이 올라갈 것으로 보입니다.

연습문제 제대로 공부 했나 확인해볼까요?

1. ひらがなのところを漢字で書いてください。

   ねだん （　　　）　　すてる（　　　）　　きゅうりょう（　　　）
   もくてき（　　　）　　たっせい（　　　）　　あらわれる（　　　）

2. 漢字のところをひらがなで書いてください。

   手頃　（　　　）　　握る　（　　　）　　程度（　　　）
   経営　（　　　）　　商売　（　　　）　　目標（　　　）

3. ＿＿＿の部分に入れるのにもっとも適当なものを一つ選んでください。

   ① 久しぶりにデパートへ行った。＿＿＿＿、デパートは休みだった。
   　1　それが　　2　ところが　　3　でも　　4　ところで

   ② 今朝から降り続いている雪は、今後＿＿＿＿降り続くことになりそうです。
   　1　さらに　　2　ところが　　3　また　　4　しかし

   ③ 今日は、ウェディング写真を撮るのに＿＿＿＿よい日和ですね。
   　1　また　　2　ちょうど　　3　さらに　　4　まるで

4. ___に適当な語を書いて、文を完成してください。

①みんなが買い物をするおかげで、会社の利益が_____増え、給料も増える。
모두가 물건을 산 덕분에 회사 이익이 더욱 늘어나 봉급도 늘어난다.

②熱くもなくぬるくもない_____いい湯加減ですね。
뜨겁지도 미지근하지도 않고 딱 적당한 온도네요.

③緊張しすぎて面接に落ちたと思っていた。_____合格者の中に自分の名前があった。
너무 긴장해서 면접에 떨어졌다고 생각했다. 그런데 합격자 속에 내 이름이 있었다.

5. （ ）に適当な助詞を入れてください。（入らない時はＸ）

①アパートの近くに、おいしくて値段（ ）手頃な寿司店（ ）開店した。
②つい（ ）最近、念願のゴルフ場を手（ ）入れたという。
③また新しい次の目標（ ）向かうという韓国人（ ）持っている特有（ ）気質の表れだ。

値段の交渉

ソン：新モデルは気に入られましたか。

木村：はい。とても満足しています。あとは値段なんですが。

ソン：これが見積書です。どうぞ。

木村：オファー価格がちょっと高いですね。この値段じゃ採算が合わないです。

ソン：5万台まではこれまで通り10パーセント値引きします。
　　　それ以上なら、15パーセント値引きできます。

木村：7万台注文しますので、オファー価格から10パーセント値引きしてください。

ソン：それはとても無理です。その値段では赤字ですよ。

木村：10パーセント値引きしてくださったら、１０万台注文します。

ソン：わかりました。

木村：それから、支払い方法なんですが、これまで通り円でよろしいですね。

ソン：できれば、ドル建てでお願いしたいんですが。

木村：そうですか。それは、今ここで答えられませんね。
　　　社に戻って検討してからお返事します。

ソン：はい。では、よろしくお願いします。

가격협상

손문희: 신 모델은 마음에 드셨습니까?
기무라: 네, 매우 만족합니다. 남은 건 가격인데요.
손문희: 이게 견적서입니다. 보세요.
기무라: 제시한 가격이 좀 비싸군요. 이 가격으로는 수지가 안 맞습니다.
손문희: 5만대까지는 지금까지 대로 10퍼센트 할인하겠습니다. 그 이상이면 15퍼센트 할인할 수 있습니다.
기무라: 7만대 주문하겠으니, 제시한 가격에서 10퍼센트 할인해 주세요.
손문희: 그것은 정말로 무리입니다. 그 가격으로는 적자입니다.
기무라: 10퍼센트 할인해 주시면 10만대 주문하겠습니다.
손문희: 알겠습니다. 그렇게 하지요.
기무라: 그리고 지불방법인데요, 지금까지처럼 엔으로 괜찮으시죠?
손문희: 가능하면 달러로 부탁드립니다만.
기무라: 그렇습니까? 그것은 지금 여기에서 대답할 수가 없군요. 회사로 돌아가서 검토한 후에 연락드리겠습니다.
손문희: 네, 그럼 부탁드립니다.

書き取りの練習①
<ruby>書<rt>か</rt></ruby>き<ruby>取<rt>と</rt></ruby>りの<ruby>練習<rt>れんしゅう</rt></ruby>①

손문희 : _____
기무라: _____
손문희: _____
기무라: _____
손문희: _____
         _____
기무라: _____
손문희: _____
기무라: _____
손문희: _____
기무라: _____
손문희: _____
기무라: _____
         _____
손문희: _____

書き取りの練習②

<A>
　英語には、大文字と小文字があります。初めて習ったときには_____けど、だんだんその_____と_____に気づきます。大文字ばかりや小文字ばかりの文章は_____からです。日本語には、この大文字と小文字はありませんが、その代わりに漢字があります。確かにひらがなだけの文章は_____です。ところが、漢字で_____を漢字にしてみると、簡単に_____ことができます。したがって、ひらがなの中に適度に漢字がまざってある文章が_____、よい文章になります。

<B>
　英語には、大文字と小文字があります。初めて習ったときには_____、だんだんその_____と_____に気づきます。大文字ばかりや小文字ばかりの文章は_____からです。日本語には、この大文字と小文字はありませんが、漢字があります。確かにひらがなだけの文章は_____です。ところが、漢字で_____を漢字_____と、簡単に_____。したがって、ひらがなの中に適度に漢字が_____文章が_____、よい文章になります。

<C>
_____
_____
_____
_____
_____

過去重視の日本

<A> 한자가 익숙해질 때까지 소리 내어 읽어 봅시다.

日本を代表する食べ物として「寿司」、「天ぷら」、「懐石料理」、「そば」などがあるが、これらの料理を扱う店には、何世代も引き継がれてきているところが多い。なかには数百年もの伝統がある店もある。

これらの料理は、一般家庭においても簡単に作ることができるし、また日常の食べ物にもなっている。しかし、どんなに家庭の主婦が努力しても、①その伝統ある店の味は絶対に出すことは不可能なのである。

②このように日本では何事においてもその道における経験を大事にする文化がある。私はこのような日本人の気質を「過去重視の文化」と呼びたい。

さて、伝統は、単に過去を重視するだけでなく、③その時代時代の要求を柔軟に取り入れてこそ、受け継がれていく。その点、最近の日本では、「伝統」をカサに着て本来の企業努力を怠っている「老舗」が増えてきたように思うのは私だけだろうか。

<B> 번역해 봅시다.

①＿＿＿＿＿＿＿＿＿＿＿＿＿＿＿＿＿＿＿＿＿＿＿＿＿＿＿＿＿＿＿＿
②＿＿＿＿＿＿＿＿＿＿＿＿＿＿＿＿＿＿＿＿＿＿＿＿＿＿＿＿＿＿＿＿
③＿＿＿＿＿＿＿＿＿＿＿＿＿＿＿＿＿＿＿＿＿＿＿＿＿＿＿＿＿＿＿＿

문형연습

일본어는 한국어로, 한국어는 일본어로 바꿔보세요.

～として　　～로서 (자격)

1. 俳優としてだけではなく、人間としても成長したいです。

2. (厳しい・知る)
   다나카씨는 엄격한 선생님으로 알려져 있습니다.

3. 부모로서 공부 못하는 아들을 걱정하는 것은 당연하다.

どんなに～ても　　아무리~해도

1. どんなに忙しくても、休息はきっちりとってください。

2. (英語・伸びる)　아무리 공부해도 영어가 좀처럼 늘지 않는다.

3. 아무리 연습해도 일본어 발음이 좋아지지 않아요.

～てこそ　　~해야만 비로소, ~했을 때만이

1. 韓国は高くてこそよく売れる変な国です。

2. (家族・幸せになる)　가족이 있어야 비로소 행복해질 수 있습니다.

3. 좋아하는 일을 했을 때 비로소 진정한 행복을 느낄 수 있다.

연습문제

제대로 공부 했나 확인해볼까요?

1. ひらがなのところを漢字で書いてください。

りょうり（　　　）　あつかう（　　　）　でんとう（　　　）
かてい　（　　　）　どりょく（　　　）　ふえる　（　　　）

2. 漢字のところをひらがなで書いてください。

代表　（　　　）　　一般　（　　　）　　過去（　　　）
重視　（　　　）　　柔軟　（　　　）　　気質（　　　）

3. ＿＿の部分に入るのにもっとも適当なものを一つ選んでください。

①ベストを尽くして＿＿＿＿、自己の成長があると思います。

　1　から　　2　こそ　　3　でも　　4　まで

②＿＿＿＿忙しくても朝ご飯は食べるようにしています。

　1　どんなに　2　とても　3　どのぐらい　4　どれほど

③彼女は女性＿＿＿＿初めて党首になった。

　1　でさえ　　2　でこそ　　3　としては　　4　となっては

4．（　）の語の形を変えて、文を完成してください。

①翻訳を_____てこそボキャブラリーが増え、それを通訳に活用することができます。　（やる）

번역을 해야만 비로소 단어가 늘어 그것을 통역에 활용할 수 있습니다.

②どんなに電話を_____誰も出ませんでした。
　　　　　　　　（かける）

아무리 전화를 걸어도 아무도 받지 않았습니다.

③どんなに_____財布は見つかりませんでした。
　　　　（探す）

아무리 찾아봐도 지갑은 보이지 않았습니다.

5．（　）に適当な助詞を入れてください。（入らない時はX）

①これら（　）料理は、一般家庭において（　）簡単に作ること（　）できる。

②日本（　）何事においてもその道における経験を大事（　）する文化がある。

③これら（　）料理を扱う店には、何世代（　）引き継がれてきているところが多い。

生産と検品

チェ ：本番のスケジュールをメールで送りましたが、ご覧になりましたか。
木村 ：はい。いよいよ来週からスタートですね。
チェ ：はい、そうです。それで、検品をお願いしたいんですが。
木村 ：最初の完成品はいつ出ますか。
チェ ：来週の水曜日になると思います。
木村 ：そうですか。では、木曜日にうかがうことにしましょう。
　　　　詳しい時間は、また後で連絡します。
チェ ：はい、わかりました。前もってご連絡くだされば、空港まで出迎えに行きますので。
木村 ：ありがとうございます。そうします。
チェ ：今回も抜き取り検品でよろしいですか。
木村 ：はい。各カラー2ボックスをショールームに運んでください。
チェ ：かしこまりました。
木村 ：それより、本番サンプルがまだ届いていないんですが。
チェ ：えっ？そうなんですか。申し訳ありません。あした、スピードポストでお送りします。
木村 ：はい、約束を守ってくださいね。

생산과 제품검사

최영혜: 본 작업 일정을 메일로 보냈는데 보셨습니까?
기무라: 네, 드디어 다음 주부터 시작이네요.
최영혜: 네, 그렇습니다. 그래서 제품검사를 부탁드립니다.
기무라: 첫 완성품은 언제 나옵니까?
최영혜: 다음 주 수요일이 될 것 같습니다.
기무라: 그래요. 그럼 목요일에 찾아뵙는 걸로 하지요. 자세한 시간은 다시 나중에 연락하겠습니다.
최영혜: 네, 알겠습니다. 사전에 연락주시면 공항까지 마중 나가겠습니다.
기무라: 고맙습니다. 그렇게 하겠습니다.
최영혜: 이번에도 추출검사로 하시겠습니까?
기무라: 네. 컬러 당 2박스를 전시장에 옮겨주세요.
최영혜: 알겠습니다.
기무라: 그것보다 본 작업샘플이 아직 도착 안했는데요.
최영혜: 네? 그렇습니까? 죄송합니다. 내일 국제특급우편으로 보내겠습니다.
기무라: 약속을 지켜주세요.

書き取りの練習①
_{か と れんしゅう}

최영혜 : _____
기무라: _____
최영혜: _____
기무라: _____
최영혜: _____
기무라: _____

최영혜: _____
기무라: _____
최영혜: _____
기무라: _____
최영혜: _____
기무라: _____
최영혜: _____
기무라: _____

書き取りの練習②

<A>
　服を数えることばはいろいろあります。コートや背広は_____と数えます。シャツやセーターは_____と数えます。ズボンは_____、靴下は_____が一般的です。ところで、パンツだけはどうして一丁、二丁と「丁」で数えるのでしょうか。これを理解するためには、パンツの前身を_____。日本人がパンツを_____のは明治時代からです。それまではふんどしをはいていました。そのふんどしを一丁、二丁と数えていたので、今もその言い方が続いているのです。

<B>
　服を_____はいろいろあります。コートや背広は_____と数えます。シャツやセーターは_____と数えます。ズボンは_____、靴下は_____が一般的です。ところで、パンツだけはどうして一丁、二丁と「丁」で数えるのでしょうか。これを理解するためには、パンツの前身を_____。日本人がパンツを_____のは明治時代からです。それまでは_____。その_____を一丁、二丁と数えていたので、今もその_____のです。

<C>
_____
_____
_____
_____
_____

自然まかせの韓国

<A> 한자가 익숙해질 때까지 소리 내어 읽어 봅시다.

　ソウルの冬は驚くほど殺風景だ。①道端には秋に落ちた木々の葉がわくら葉となってそのまま放置されており、ケナリのあの細くて長い小枝は伸び放題に伸びて、時には道を歩いていると頭の上にぶら下がってきて邪魔になり、汚らしいほどである。

　なぜ韓国人は冬の間に草木を手入れしないのであろうかと、②冬が訪れるたびに嘆いたものである。

　それが春になり芽を吹き、葉をつけ、花が咲くと、見事なほど変身し、都会に「自然」が出現する。そう思って改めて見直してみると、街やアパート内の草木だけでなく、山の木々や川のほとり、気のせいか地方の家の造りまでが自然とよく調和しているのである。

　冬のあのみにくいほど汚らしい光景とはあまりにも両極端であるため、③よけいに感動を覚えたのであろう。これを私は「自然まかせの文化」と呼びたい。

<B> 번역해 봅시다.

① _____
② _____
③ _____

문형연습
일본어는 한국어로, 한국어는 일본어로 바꿔보세요.

~ほど　　　~할 정도로, ~할 정도이다

1. あの人は外国人だということを感じさせないほど日本語が上手だ。
   _____

2. (涙・出る・ありがたい)
   눈물이 나올 만큼 고마웠다.
   _____

3. 점심식사도 제대로 못 할 정도로 매일 바쁘다.
   _____

~たびに　　~할 때마다

1. 読むたびに、違った印象を受ける本があります。
   _____

2. (内田・髪型・違う)　우치다씨는 만날 때마다 머리형이 바뀐다.
   _____

3. 대학시절 사진을 볼 때마다 그 시절을 떠올린다.
   _____

~ものだ　~인 거다, ~던지, ~이군, ~이네요 (감탄)

1. 長い間準備したのに失敗するなんて、わからないものですね。
   _____

2. (夏中・働く)　여름 내내 아르바이트를 하다니 잘도 일하는군요.
   _____

3. 제트기는 참 빠른 거네요.
   _____

연습문제 제대로 공부 했나 확인해볼까요?

1. ひらがなのところを漢字(かんじ)で書(か)いてください。

おとずれる （　　　　）　かんどう（　　　　）　おぼえる（　　　　）
きたならしい（　　　　）　ちほう（　　　　）　しぜん（　　　　）

2. 漢字(かんじ)のところをひらがなで書(か)いてください。

驚く　（　　　　）　　道端　（　　　　）　　改める（　　　　）
出現　（　　　　）　　放置　（　　　　）　　見直す（　　　　）

3. ＿＿＿の部分(ぶぶん)に入(い)れるのにもっとも適当(てきとう)なものを一つ選(えら)んでください。

① 聞(き)いている人(ひと)すべてが涙(なみだ)を浮(う)かばせた＿＿＿＿＿だった。

　1　こと　　　2　もの　　　3　ほど　　　4　だけ

② 木村(きむら)さんは旅行(りょこう)に行(い)く＿＿＿＿＿おみやげを買(か)ってきてくれる。

　1　とおりに　　2　たびに　　3　ばかりに　　4　ことに

③ あんなに仲(なか)のいい夫婦(ふうふ)だったのに。夫婦(ふうふ)の仲(なか)もわからない＿＿＿＿ですね。

　1　の　　　　2　こと　　　3　もの　　　4　ばかり

4．（　）の語の形を変えて、文を完成してください。
①主婦のアイディアを採り入れた新製品は、＿＿＿＿＿＿ほどよく売れた。
(おもしろい)

주부의 아이디어를 살린 신제품은 흥미로울 정도로 잘 팔렸다.

②「となりのトトロ」というアニメは＿＿＿＿＿たびに新しい発見がある。
(見る)

'이웃집 토토로'라고 하는 만화영화는 볼 때마다 새로운 발견이 있다.

③やれ、やれ、子どもというのは、世話の＿＿＿＿＿＿ものだ。
(やける)

이런, 이런. 아이란 건 손이 많이 가는 법이네요.

5．（　）に適当な助詞を入れてください。（入らない時はＸ）
①道端には秋（　）落ちた木々の葉（　）そのまま（　）放置されている。
②時（　）道を歩いていると頭の上にぶら下がってきて邪魔（　）なる。
③街（　）アパート内の草木だけ（　）でなく、家の造りまでが自然（　）よく調和している。

納期の変更

パク ：木村さん、新モデルの納期のことなんですが。
木村 ：はい、何でしょう。
パク ：実は、中国サプライの部品がまだ届いていないので、納期を守ることができなくなりそうです。
木村 ：それは、困りましたね。事前にちゃんとチェックしなかったんですか。
パク ：申し訳ありません。
木村 ：どのくらい遅れそうなんですか。
パク ：それが、実は中国の部品会社が地震で被害を受けたそうで、まだはっきり言えないんですが、1週間から2週間くらい遅れることになりそうです。
木村 ：そうですか。地震が原因ですから仕方ない面もあるんですが、しかし困りましたね。ずいぶんクレームが来そうですね。
パク ：申し訳ありません。部品さえ着けば、こちらは24時間操業して、できるだけ早めに送りますので。
木村 ：事情はわかりました。至急上部にそのように報告します。
パク ：本当にご迷惑をおかけしまして、申し訳ありません。今後、二度とこのようなミスを犯さないように、気をつけます。

납기 변경

박한나: 기무라씨, 신 모델의 납기문제인데요.
기무라: 네, 뭐지요?
박한나: 실은 중국으로부터 공급받는 부품이 도착을 안 해서 납기를 지킬 수 없을 것 같습니다.
기무라: 그것은 곤란하네요. 사전에 제대로 체크하지 않았습니까?
박한나: 죄송합니다.
기무라: 얼마나 늦어질 것 같습니까?
박한나: 그게 실은 중국 부품회사가 지진으로 피해를 입었다고 하니까 아직 분명하게 말할 수는 벗지만, 1주일에서 2주일은 늦어질 것 같습니다.
기무라: 그래요. 지진이 원인이니 어쩔 수 없는 면도 있지만, 그래도 난처하게 됐네요. 엄청 클레임이 생길 것 같네요.
박한나: 죄송합니다. 부품만 도착하면 여기서는 24시간 조업해서 가능한 빨리 보내겠습니다.
기무라: 사정은 알았습니다. 서둘러 상부에 그렇게 보고하겠습니다.
박한나: 정말 폐를 끼쳐서 죄송합니다. 앞으로 다시는 이런 실수가 없도록 주의하겠습니다.

書き取りの練習①

박한나: _____
기무라: _____
박한나: _____
_____
기무라: _____
박한나: _____
기무라: _____
박한나: _____
_____
_____
기무라: _____
_____
박한나: _____
_____
기무라: _____
박한나: _____
_____

書き取りの練習②

<A>

「あの人は＿＿＿＿＿＿＿」というが、これは、負けるのが嫌いだという意味です。でも、考えてみると、ちょっと変な言葉です。「負けず」の「ず」は＿＿＿＿＿＿＿言葉だから、「負けず」は「負けないこと」で、「負けずきらい」は「＿＿＿＿＿＿＿」ということです。けっきょく「負けたい」＿＿＿＿＿＿＿。実は、江戸時代は、「ず」を「だろう」という意味に使っていたそうです。だから、「負けずきらい」は、「負けるだろうと＿＿＿＿＿＿」という意味になります。

<B>

「あの人は＿＿＿＿＿＿＿」というが、これは、負けるのが嫌いだという意味です。でも、考えてみると、ちょっと変な言葉です。「負けず」の「ず」は＿＿＿＿＿＿＿言葉だから、「負けず」は「＿＿＿＿＿」で、「負けずきらい」は「＿＿＿＿＿＿＿」ということです。けっきょく「負けたい」＿＿＿＿＿＿＿。実は、江戸時代は、「ず」を「だろう」という意味に＿＿＿＿＿＿＿。だから、「負けずきらい」は、「＿＿＿＿＿＿＿＿＿」という意味になります。

<C>

＿＿＿＿＿＿＿＿＿＿＿＿＿＿＿＿＿＿＿＿
＿＿＿＿＿＿＿＿＿＿＿＿＿＿＿＿＿＿＿＿
＿＿＿＿＿＿＿＿＿＿＿＿＿＿＿＿＿＿＿＿
＿＿＿＿＿＿＿＿＿＿＿＿＿＿＿＿＿＿＿＿
＿＿＿＿＿＿＿＿＿＿＿＿＿＿＿＿＿＿＿＿

管理したがる日本

\<A\> 한자가 익숙해질 때까지 소리 내어 읽어 봅시다.

日本の自然の美しさは、人間によって「手入れ」された「創作された」美しさであると思う。

日本人は、どんな小さな家でも一戸建てなら、①必ずといっていいほど、猫の額ほどの庭を造る。②そして将来こんな姿の庭にしていきたい、という目標を設定したうえで、四季折々の草花、各種の木を植える。せんていばさみやのこぎりを使って木や草花の形を整え、少しずつ目標に近づいていくのを楽しむのである。

もっとも典型的なのが、盆栽である。

③盆栽は、植えた木の数十年先の姿を頭に描きつつ、一本一本の枝や一枚一枚の葉を丁寧に切り落としながら形を造っていく。

そこには自然の美しさは存在せず、人工的な美しさしかない、と言ったら言いすぎだろうか。

これはまさに「自然を管理したがる文化」そのものであると言えよう。

\<B\> 번역해 봅시다.

① _____

② _____

③ _____

문형연습

일본어는 한국어로, 한국어는 일본어로 바꿔보세요.

~たうえで   ~ 한 후에

1. 部屋の中を見たうえで、借りるかどうかを決めたいです。

2. (家族・相談する・返事する) 가족과 상의한 후에 답변 드리겠습니다.

3. 내용을 제대로 확인한 후 사인해주세요.

~つつ (も)   ~하면서(도)

1. もう起きなければと思いつつも、なかなか起きられない。

2. (体・悪い・やめる) 몸에 안 좋다고 알면서도 담배를 끊지 못한다.

3. 성공을 기원하면서 지켜본다.

もっとも   가장

1. この5年間で、もっとも売り上げ台数が伸びたのは、今年だ。

2. (外国人・暮す・場合・大変だ・ことば)
   외국인이 일본에서 생활할 경우 가장 큰 문제는 언어문제이다.

3. 기무라씨는 이 중에서 가장 출세할 것 같은 사람이다.

연습문제   제대로 공부 했나 확인해볼까요?

1. ひらがなのところを漢字(かんじ)で書(か)いてください。

にんげん（　　　）　　すがた（　　　　）　　しょうらい（　　　　）
うえる　（　　　）　　えがく（　　　　）　　かんり　　（　　　　）

2. 漢字(かんじ)のところをひらがなで書(か)いてください。

創作（　　　　）　　設定　（　　　　）　　整える（　　　　）
存在（　　　　）　　人工的（　　　　）　　枝　　（　　　　）

3. ＿＿の部分(ぶぶん)に入(い)れるのにもっとも適当(てきとう)なものを一つ選(えら)んでください。

①会社(かいしゃ)の説明(せつめい)をよく聞(き)いた＿＿＿＿＿、興味(きょうみ)があったら、履歴書(りれきしょ)を書(か)いてください。

　1　けど　　　　2　うえで　　　3　うえに　　　4　ところで

②当時(とうじ)を懐(なつ)かしみ＿＿＿＿＿、酒(さけ)をくみかわします。

　1　つつ　　　　2　また　　　　3　がたくて　　4　のまま

③世界(せかい)で＿＿＿＿＿きれいな都市(とし)は、カナダのカルガリーだと思(おも)う。

　1　あまりにも　2　あまり　　　3　けっこう　　4　もっとも

4．（　）の語の形を変えて、文を完成してください。
①問題がたくさんあることを_____うえで引き受けることにした。
　　　　　　　　　　　　　　（知る）

문제가 많이 있다는 사실을 안 상태에서 받아들이기로 했다.

②失礼とは_____つつも、お願いにまいりました。
　　　　　　（知る）

실례라고 알고 있으면서도 부탁드리러 왔습니다.

③車の買い換えを_____つつも、ほしい車がありません。
　　　　　　　　　（考える）

차를 새로 바꿀 생각을 하면서도 갖고 싶은 차는 없습니다.

5．（　）に適当な助詞を入れてください。（入らない時はＸ）
①盆栽は、植えた木の数十年（　）先（　）姿を頭（　）描いたものだ。
②せんていばさみ（　）のこぎりを使って木（　）草花の形を整える。
③日本人は、どんな小さな家（　　）一戸建てなら、猫の額ほど（　）庭を造る。

不良品のリコール

木村：イさん、新モデルのことなんですが。

イ　：はい、どうしたんですか。何か問題でも。

木村：それが、話し中に電源が勝手に切れたり、また入ったりするそうです。

イ　：えっ？本当ですか？

木村：はい、それでお客さまから苦情や返品の問い合わせが非常に多いんですよ。

イ　：それは申し訳ありません。しかし、出荷前に何度もチェックしましたし、そのような問題は起こりませんでしたが。

木村：こちらも、最初お客さまからの苦情があったときに、倉庫でチェックしたんですが、そんな問題は生じませんでした。
　　　ところが、返品された方々の電話をチェックしてみましたら、確かにそのような問題が起こりました。

イ　：本当に申し訳ありません。

木村：ともかくリコールをお願いします。

イ　：はい、さっそくそのようにいたします。
　　　それから、検査体制を見直して、品質管理を強化します。

불량품의 리콜

기무라: 이경림씨, 신 모델 건인데요.
이경림: 네, 왜 그러시죠? 뭔가 문제라도?
기무라: 그게 통화중에 전원이 마음대로 꺼졌다가 다시 켜졌다가 하는 모양입니다.
이경림: 네? 정말입니까?
기무라: 예, 그래서 고객의 불만과 반품문의가 엄청나게 많습니다.
이경림: 그거 정말 죄송합니다. 그러나 출하 전에 몇 차례나 점검을 했고, 그런 문제는 없었는데요.
기무라: 저희도 처음 고객의 불만접수가 있었을 때 창고에서 점검했습니다만, 그런 문제는 일어나지 않았습니다.
그런데 반품된 분들의 전화기를 점검해보니까 확실히 그런 문제가 일어났습니다.
이경림: 정말 죄송합니다.
기무라: 아무튼 리콜을 부탁합니다.
이경림: 네, 바로 그렇게 하겠습니다.
그리고 검사체제를 재검토해서 품질관리를 강화하겠습니다.

書き取りの練習①
<small>か　と　　　　れんしゅう</small>

기무라: _____
이경림: _____
기무라: _____

이경림: _____
기무라: _____
이경림: _____

기무라: _____
_____
_____
_____

이경림: _____
기무라: _____
이경림: _____
_____

書き取りの練習②

\<A\>

「ワンワン、かわいいでちゅね～。お名前、なんて言うんでちゅか？」

幼児に赤ちゃん言葉で＿＿＿＿＿＿＿＿、よくあることです。

ところが、幼児に幼児語で＿＿＿＿＿＿、成長を＿＿＿＿＿＿です。

幼児の言葉が幼児語になるのは、口周辺の筋肉がまだ発達していないからです。耳では、＿＿＿＿＿＿、頭でも＿＿＿＿＿＿＿＿。だから、「ママ、ダイオン」「そう、ライオンね」と正しく答えてあげた方がいいです。

\<B\>

「ワンワン、かわいいでちゅね～。お名前、なんて言うんでちゅか？」

幼児に赤ちゃん言葉で＿＿＿＿＿＿＿＿、よくあることです。

ところが、幼児に＿＿＿＿＿＿＿＿＿＿、成長を＿＿＿＿＿＿です。

幼児の言葉が＿＿＿＿＿＿＿＿、口周辺の筋肉がまだ発達していないからです。耳では、＿＿＿＿＿＿、頭でも＿＿＿＿＿＿＿＿。だから、「ママ、ダイオン」「そう、ライオンね」と＿＿＿＿＿＿＿＿方がいいです。

\<C\>

_____
_____
_____
_____
_____

見せたがる韓国

<A> 한자가 익숙해질 때까지 소리 내어 읽어 봅시다.

　私は、うちのアパートに住んでいる人たちの生活レベルは、日本の上流家庭と同じレベルだと思っていた。①車は高級車一台のほかに、日常用のためか、普通車を二台から三台保有している。平日の朝から、奥さんたち同士でゴルフに出かける。毎朝夕、子どもを車で送り迎えする。私みたいな日本の「中流家庭」で育った者には未経験の光景であった。

　ところが、「IMF時代」という急激な社会環境の変化を迎えると、彼らの生活ぶりは突然、日本の中流家庭以下になってしまったのである。つまり、それまでの生活は見せかけだったのだ。

I　②IMFの要求をのんで生活水準が下がった時代を迎えた韓国民は、一様に国辱であると騒いだが、③私に言わせると、国辱でも何でもなく、本来あるべき韓国の経済水準に戻っただけである。この本来の姿がなぜ国辱であろうか。私には自分自身の実力を正しく認識し、明日に向かってがんばっている今の韓国民の方がむしろ立派に見える。

<B> 번역해 봅시다.

① _____

② _____

③ _____

Part 13. 번역연습

문형연습
일본어는 한국어로, 한국어는 일본어로 바꿔보세요.

～(さ)せる　　～하게 하다

1. 人をこれだけ長く待たせるなんて、失礼じゃないですか。

2. (夜道・危ない・帰る)
   밤길이 위험해서 혼자 귀가시킬 수가 없다.

3. 신제품에 대한 당신의 의견을 들려주세요.

～べき　　～해야 한다. ～해야 할

1. 運転するときは、必ずシートベルトを着用してください。

2. (子どもたち・自由に・遊ぶ)　아이들은 더 자유롭게 놀게 해야 합니다.

3. 뭐든지 부모에게 의존하려 해서는 안 된다.

むしろ　　오히려

1. 貸し衣装も高いから、借りるよりむしろ買った方が安いだろう。

2. (天候・先へ進む・引き返す)　이런 날씨로는 계속 가기보다는 철수하는 게 낫다.

3. 그렇게 늦게 갈 거면 오히려 결석하는 게 낫다.

연습문제
제대로 공부 했나 확인해볼까요?

1. ひらがなのところを漢字で書いてください。

かてい（　　　　）　　せいかつ（　　　　）　　おくり（　　　　）
むかえ（　　　　）　　すいじゅん（　　　　）　　へんか（　　　　）

2. 漢字のところをひらがなで書いてください。

高級車（　　　　）　　普通車（　　　　）　　環境（　　　　）
急激　（　　　　）　　経済　（　　　　）　　実力（　　　　）

3. ＿＿＿の部分に入れるのにもっとも適当なものを一つ選んでください。

①女性は「＿＿＿＿くれる男性」に、そして男性は「ジョークを言った時に笑ってくれる女性」に魅力を感じるそうだ。

　1　笑って　　2　笑われて　　3　笑わせて　　4　笑い

②乗り物の中では、若者は老人に席をゆずる＿＿＿＿だ。

　1　の　　　　2　べき　　　　3　もの　　　　4　わけ

③あの教師の態度は間違っている。＿＿＿＿＿生徒たちのとった態度の方が正しい。

　1　むしろ　　2　ところが　　3　それに　　　4　その代わりに

4．（　）の語の形を変えて、文を完成してください。
① 初めから売るのが目的でサインを＿＿＿＿＿のは罪になります。
　　　　　　　　　　　　　　　　　　（書く）

처음부터 판매를 목적으로 사인을 하게 하는 것은 죄가 됩니다.

② 私たちが＿＿＿＿＿べき法律について説明します。
　　　　　　（知っておく）

우리들이 알아 두어야할 법률에 관해서 설명하겠습니다.

③ みんなの意見を聞いてから、結論を＿＿＿＿＿べきですよ。
　　　　　　　　　　　　　　　　　　（出す）

모두의 의견을 들은 후에 결론을 내야합니다.

5．（　）に適当な助詞を入れてください。（入らない時は✕）
① 生活（　）レベルは、日本の上流家庭と同じ（　）レベルだ。
② 自分自身の実力を正しく認識し、明日（　）向かってがんばっている。
③ 車は高級車一台（　）ほかに、日常用（　）ためか、普通車を二台
　（　）三台保有している。

プレゼンテーション

① 私は、○○社○○部の○○○です。どうぞよろしくお願いします。
　　저는 ○○회사 ○○○부의 ○○○입니다. 잘 부탁드립니다.

② 本日は、当社の新製品について、プレゼンテーションさせていただきます。
　　오늘은 저희 회사의 신제품에 대해 프레젠테이션 하도록 하겠습니다.

③ まず最初に_____について、
　　우선 처음에　　　　　　　　　　　　　　　에 관해서

　次に_____について、
　　다음으로　　　　　　　　　　　　　　　에 관해서,

　最後に_____という順で進めさせていただきます。
　　마지막으로　　　　　　　　라는 순서로 진행하겠습니다.

④ 当社の新製品は、○○社の新製品に比べて、
　　저희회사 신제품은 ○○회사의 신제품과 비교할 때

　_____の点で優れています。
　　　　　　　　　　　　　라는 점에서 뛰어납니다.

　当社の新製品は、
　　저희회사 신제품은

　_____という点がもっとも大きなメリットです。
　　　　　　　　　　　라는 점이 가장 큰 장점입니다.

⑤その理由としては、
　　　그 이유로는
まず_____であること、
우선　　　　　　　　　　　　　　　　　　　　　　　　　라는 점,
次に_____であることが挙げられます。
다음으로　　　　　　　　　　　　　　　　라는 점을 들 수 있습니다.

⑥こちらの表（グラフ・写真）をご覧ください。

　이쪽의 표(그래프/사진)를 봐 주십시오.

⑦これまでの内容をまとめますと、
_____ということになります。
지금까지의 내용을 정리하면　　　　　　　　　　라는 것이 됩니다.

⑧ご質問がございましたら、お願いします。 질문이 있으시면 부탁합니다.

　ありがとうございました。　감사합니다.

Eメールの書き方

件名　：本番のスケジュールの件
宛先　：株式会社　富士電子　営業部　木村拓哉様
前書き：いつもお世話になっております。
送信者：株式会社　韓国電子　営業部　キムです。
用件　：本番のスケジュールをEメールでお知らせください。
　　　　ほかのは文字化けになるおそれがありますので、MSワードでお願いします。
　　　　また、本番サンプルもまだ届いていませんので、早めにお送りください。
むすび：どうぞよろしくお願いします。
署名　：キム　ミンソン
　　　　株式会社　営業部
　　　　　TEL: 82-054-456-1582　　FAX: 82-054-456-1515
　　　　　e-mail: ikemen@koreait

書き取りの練習

<A>

　毎日使っている「＿＿＿」ということばは、意味が三つもあります。では、「その違いは何ですか」と質問されると、＿＿＿＿＿＿人が多いでしょう。ところが、＿＿＿＿＿わかれば、以外と簡単に区別できます。まず、「＿＿＿＿＿」とふうに音を耳で感じる意味があります。次は、自分から＿＿＿＿＿＿という意味があって、「＿＿＿＿＿＿」のように使います。最後は、知らないことについて人に質問する場合、「＿＿＿」のように使います。

<B>

　毎日使っている「＿＿＿」ということばは、意味が三つもあります。では、「その違いは何ですか」と質問されると、＿＿＿＿＿＿＿＿＿＿＿＿＿＿＿＿。ところが、＿＿＿＿＿＿わかれば、以外と簡単に＿＿＿＿＿＿＿。まず、「＿＿＿＿」とふうに音を耳で感じる意味があります。次は、自分から＿＿＿＿＿＿＿という意味があって、「＿＿＿＿＿」＿＿＿＿＿＿。最後は、＿＿＿＿＿＿＿＿人に質問する場合、「＿＿＿」＿＿＿＿＿＿＿＿。

<C>

_____
_____
_____
_____
_____

隠したがる日本

<A> 한자가 익숙해질 때까지 소리 내어 읽어 봅시다.

韓国が「見せたがる文化」なら、日本は「隠したがる文化」である。日本は昔から本当に才能のある人は、①人前で自分の優秀さを見せつけるようなまねはしないものとされてきた。才能に限らず、たとえば、②名家と呼ばれる、さまざまな意味で真に豊かな人たちの日常生活は以外に質素である。心ある日本人は、外見よりも中身を大切にするのだ。派手に咲く花より、人知れずこっそりと咲く花を好むのである。

この「見せたがる文化」と「隠したがる文化」の違いは日常生活だけでなく企業の中でも見られる。わが社で作成される資料や報告書は、一見したところ本当にすばらしい。問題はその中身である。③外見の完璧さとは裏腹に、ほとんどの場合、内容がまことに貧弱なのだ。だから、報告書は報告書のままで終わって、あとに何の行動も変化も起こらないのだ。日本の場合、まさに正反対だ。毎日毎日関係資料を集め、膨大な原稿を書いては、徐々に一枚にまとまるように縮めていく作業を繰り返していく。たった一枚の報告書を作成するのに、長い時間とたくさんの資料を作成するのだ。

<B> 번역해 봅시다.

① _____

② _____

③ _____

문형연습

일본어는 한국어로, 한국어는 일본어로 바꿔보세요.

~ものだ   ~하는 법이다.

1. 自分が人に迷惑をかけていることには気づきにくいものだ。

2. (暑い・ほど・クーラ・売る)
   더울수록 에어컨이 잘 팔리는 법이다.

3. 나이를 먹으면 눈이 나빠지는 법이다.

~とされる   ~라고 생각되다, ~라고 간주되다

1. ロボット技術は、医療や福祉分野で必要とされている。

2. (一般的に・礼儀正しい) 일본인을 일반적으로 예의바르다고 생각되어진다.

3. 현재 옳다고 여겨지는 상식이라도 미래에도 통하리라는 보장이 없다.

~とは裏腹に   ~와는 반대로, ~와는 달리

1. 北京オリンピックは、市民の熱気とは裏腹に混乱も見られます。

2. (期待・今朝・降り続ける) 기대와는 달리 아침부터 비가 계속 온다.

3. 마음과는 달리 몸이 움직여주지 않는다.

연습문제
제대로 공부 했나 확인해볼까요?

1. ひらがなのところを漢字で書いてください。

   いみ （　　　）　　ゆたか （　　　）　　さいのう （　　　）
   がいけん （　　　）　　なかみ （　　　）　　かんけい （　　　）

2. 漢字のところをひらがなで書いてください。

   優秀 （　　　）　　隠す （　　　）　　繰り返す （　　　）
   膨大 （　　　）　　資料 （　　　）　　縮める （　　　）

3. ＿＿＿の部分に入れるのにもっとも適当なものを一つ選んでください。

   ①私は子どもの頃、大きくなったら、世界一週旅行をしたい＿＿＿＿だと思っていた。

   1　の　　　　2　こと　　　　3　もの　　　　4　わけ

   ②職場や家庭で、上司や同僚、家族から、自分は必要と＿＿＿＿のだろうか。

   1　されている　　2　なっている　　3　思っている　　4　している

   ③周囲の期待とは＿＿＿＿、金メダル獲得には失敗した。

   1　いえ　　　　2　いっても　　　3　いいながら　　4　裏腹に

Part 14. 번역연습

4．（　）の語の形を変えて、文を完成してください。

①慣れるまでは誰でも難しく_____ものだ。
(感じる)

익숙해지기까지는 누구나 어렵게 느끼는 법이다.

②世の中は思うとおり_____ものだ。
(行く)

세상은 생각대로 움직여주지 않는 법이다.

③ITエンジニアにとっていちばん_____スキルは何でしょうか。
(必要だ)

IT엔지니어에게 가장 필요하다고 여겨지는 기술은 무엇일까요?

5．（　）に適当な助詞を入れてください。（入らない時は×）

①たった（　）一枚の報告書を作成する（　）、長い時間がかかるのだ。
②外見の完璧さ（　）裏腹に、ほとんど（　）場合、内容がまことに貧弱なのだ。
③わが社（　）作成される資料（　）報告書は、一見したところ（　）本当にすばらしい。

해 답 지

Part 01

書き取り② 원문

私たちは、あいさつする時、「どうも」ということがあります。

この「どうも」があいさつ代わりに使われ始めたのは、江戸時代からだそうです。最初は、「どうもありがとう」や「どうもすみません」と言っていたが、だんだん「ありがとう」や「すみません」をはしょって、「どうも」だけを言うようになりました。こうして、「どうも」という一言に、感謝や謝罪の気持ちをすべて込めることになったのです。

번역의 예

　일본이 '혼내는 문화'라면 한국은 그야말로 '칭찬하는 문화'이다.

　일본에서는 예를 들어 자녀의 성적표를 보고 국어나 사회과목 성적은 좋은데 산수만 나쁠 경우 좋은 쪽을 칭찬하기 보다는 나쁜 산수성적에 대해 "산수가 엉망이잖아"라고 혼내는 경우가 많지 않을까. 이것이 '혼내는 문화'의 전형적인 예이다.

　한편 이것은 한국에서 경험한 일인데 한국인 친구의 아들이 초등학교 4학년 때부터 아이스하키를 시작해 중학교 1학년이 되었을 때 드디어 대망의 첫 골을 터트렸다. 그러자 그 아버지는 나를 포함한 친구들을 몇 명이나 모아놓고 아들의 첫 골을 축하하기위해 성대한 파티를 열어주었던 것이다. 그러자 놀랍게도 그 아들은 다음 두 시합에서 4점이나 따내고 말았다. 이것이 한국의 '칭찬하는 문화'이다.

문형연습

~なら
1. 만약 다시 태어날 수 있다면 이번에는 남자로 태어나고 싶네요.
2. ドライブに行くなら、私も連れていってください。
3. 妹さんなら、さっき駅で見かけましたが。

~もの
1. 옷장을 정리하다가 몇 장이나 되는 추억의 사진을 발견했다.
2. 子の店で働きながら何人もの人に出会ってきただろうか。
3. 私は今まで何冊もの日本小説を読んできた。

~ことに
1. 흥미롭게도 옛날 장난감이 다시 유행하고 있다고 한다.
2. うれしいことに、日本人が二人もノーベル賞を受賞した。
3. ありがたいことに、私は今とても健康です。

연습문제

1. 試合 / 社会 / 集める / 算数 / 国語 / 始める
2. せいせき / けいけん / たいぼう / せいだい / てんけい / うばう
3. ①1　②2　③3
4. ①何杯　②習いたい　③驚く
5. ①の、に、と　②の、X、から　③で、を

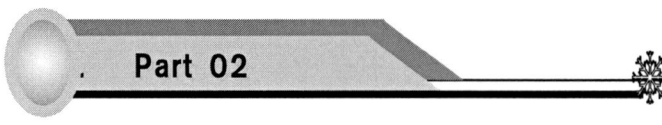

書き取り② 원문

「友だち」という言葉はおもしろいです。「ゆみこは私の友だちだ」というふうに使いますが、この表現をよく考えてみると、どこかおかしい。ふつう「〜たち」というのは、複数のものを指します。自分ひとりのことを「私たち」とは言わないし、女性ひとりのことを「女性たち」とは言いません。それなのに、友人の場合だけは、ひとりでも「友だち」なのです。

번역의 예

　한국인은 어떤 경우에도 자신의 의견을 당당히 말해서 자기 존재를 과시한다. 그뿐 아니라 상대가 하는 말은 거의 듣지 않는다. 거기에는 '협조정신'같은 건 전혀 없어 보인다.

　이에 비해 일본인은 어지간한 일이 아닌 한 자기주장을 삼가는 경향이 있다. 기업회의를 보더라도 출석자 중 발언하는 사람은 보통 몇 명에 지나지 않는다. 대부분의 사람들은 묵묵히 듣고 있을 뿐이다. 자신과 같은 의견이 나오면 '맞아, 맞아'하고 마음속으로 동의하고 반대의견일 경우에도 일단 "그렇군요."하고 수긍할 뿐, 대다수가 끝내 아무런 발언도 하지 않다.

　이때의 "그렇군요."는 상대방 의견에 찬성하는 것이 아니라, 단지 맞장구를 쳐주는 것에 불과하다. 외국인이 일본인에 대해 '일본인은 무슨 생각을 하는지 잘 모르겠다.'라고 평하는 것은 이 때문일 것이다.

문형연습

~かぎり / ないかぎり
1. 내가 보는 한 그는 신뢰할 만한 사람이다.
2. 思いつくアイデアは全部出したが、だめだった。
3. よほどのことがないかぎり、日本語の授業は休みません。

~ずに
1. 그는 이유도 묻지 않고 갑자기 화를 내더니 집을 나갔다.
2. テキストを見ずに、問題を説いてください。
3. 何も食べずに、一日中うちでごろごろしていた。

~と
1. 사람은 배가 부르면 졸리게 됩니다.
2. 明日、天気が悪いと、山にいくのは無理でしょう。
3. 漢字が読めないと、困ることが多いです。

연습문제

1. 意見 / 主張 / 企業 / 反対 / 最後 / 出席
2. そんざいかん / しめす / せいしん / きょうちょう / ひかえる / さんどう
3. ①2 ②3 ③4
4. ①やすま ②かえら ③のむ
5. ①と、X、が、に ②の、が、を、X ③の、X、の

書き取り② 원문

「オジサン」という言葉はよく言えば意味が広い言葉、悪く言えばあいまいな言葉です。本来は、しんせきの「オジ」を指す言葉なのに、「俺もすっかりオジサンだ」と中年以上の男性一般を意味することもあります。さらに、しんせきでも何でもない赤の他人を「オジサン」と呼ぶ場合もあります。また、「太郎くんのオジサンに会った」と、太郎くんの父親を「オジサン」と呼ぶこともあります。

번역의 예

한국 기업을 상대로 일하는 일본의 비즈니스맨이 반드시 한, 두 번은 겪는 신기한 일이 있다. 그것은 한국인 비즈니스맨에게 자료를 건네줄 경우 결코 1부로는 부족하다는 사실이다.

어떤 부서 사람에게 자료를 1부 건네주며 관계자들에게는 그쪽에서 복사해서 건네 달라고 부탁해도 나중에 반드시 다른 사람이 같은 자료를 요구한다.

이는 자신에게 이익이 된다고 생각하면 절대로 자신과 관계된 사람들에게 건네지 않는 '개인 문화'에서 오는 이기주의적인 습성인 것이다.

한국인은 어린시설부터 남보다 빨리 출세하도록 교육받는다. 경쟁상대가 자신보다 빨리 출세하는 일은 죽기보다 힘든 일이다. 그런 경쟁상대에게 자신에게 이익이 되는 정보를 조건 없이 건넬 리가 없다.

이 때문에 한국의 엘리트는 한 사람 한사람의 능력은 뛰어나서 혼자서 일본인 3명 몫의 일을 하지만, 3명이 모이면 한 사람 몫의 일도 할 수 없는 것이다.

문형연습

~にとって
1. 유학생에게 있어서 매력 있는 대학은 어떤 대학일까요?
2. スポーツ選手にとって、金メダルは大変な誇りになります。
3. 会社にとって、優秀な社員は大きな財産です。

~ように
1. 졸업앨범사진을 찍으므로 2시에 학교에 오도로 전해주세요.
2. 子どもにもわかるように、やさしい漢字で書きました。
3. 授業は、後ろの席でもよく聞こえるように、マイクを使っています。

~はずがない
1. 그렇게까지 열심히 했는데, 시험에 떨어질 리가 없어.
2. 就職活動がそんなに簡単なはずがない。
3. 一度会っただけで、その人について全部わかるはずがない。

연습문제

1. 足りる / 要求 / 情報 / 関係 / 教育 / 利益
2. たいけん / しりょう / きょうそう / たのむ / すぐれる / じょうけん
3. ①1 ②1 ③2
4. ①遅刻しない ②送る ③する
5. ①に、×、では ②の、から ③で、の、の

書き取り② 원문

　昔話を読むと、最初に出てくるのが「むかし、むかし」という言葉です。

　「むかし、むかし、あるところにおじいさんとおばあさんがいました」といった調子です。

　この言葉がなければ、日本のおどき話は始められないです。子どもたちも「むかし、むかし」と聞くことで、心の準備ができます。では、この「むかし、むかし」は誰がつくったのでしょうか。テレビがつくったのでしょうか。それは、平安時代に使われた「今は昔」という言葉が、「むかし、むかし」という言葉に変化したそうです。

번역의 예

　일본에는 '빨간 불도 함께 건너면 무섭지 않다.'는 말이 있다. 코미디언 이자 세계적으로 유명한 영화감독인 비트 다케시(기타노 다케시)가 처음 쓴 말이다. 이는 무엇을 하더라도 집단으로 행동하고 집단으로 책임을 지려는 일본인의 문화를 단적으로 비꼰 명언이다. 즉, 일본인은 혼자서는 큰일을 못하지만, 둘이 되면 3명이상의 힘을 발휘한다는 것이다.

　일본인은 회사에서 상사가 업무를 맡기면 "혼자서는 무리입니다. 저 외에 몇 명을 더 붙여주세요."라고 말한다. 집단 속에 있으면 마음이 안정되지만, 혼자가 되면 불안해서 어찌할 줄 모르는 것이다. 그 대신 집단이 되면 예를 들어 빨간 불이라도 아무렇지도 않게 건너는 비상식적인 행동도 해 버린다. 일본인의 '집단 문화'는 어린 시절부터 몸에 배인 행동양식이라 하겠다.

문형연습

かつ
1. 그는 공부에 힘쓰는 동시에 스포츠에도 크게 활약하고 있다.
2. この本は、非常におもしろく、かつ有益だ。
3. 彼女は私の友人であり、かつライバルでもある。

～にも
1. 거리를 이동하는데도 지하철과 버스노선이 잘 갖춰있어 편리하다.
2. 秋は何をするにも快適な季節ですね。
3. 何をするにもお金がかかる時代ですね。

～て（で）しょうがない
1. 어떻게 그렇게 쉽게 사람을 좋아하게 되었는지 신기해서 견딜 수 없다.
2. 掃除や洗濯など、家事がめんどくさくてしょうがない。
3. 二度と彼女には会えないだろうと思うと、涙が出てきてしょうがなかった。

연습문제

1. 有名 / 世界 / 行動 / 責任 / 文化 / 不安
2. わたる / おそろしい・こわい / かんとく / しゅうだん / はっき / いらい
3. ①2 ②2 ③1
4. ①帰る ②退屈で ③有益・有益で
5. ①で、に ②を、X、で ③に、が、に、で

書き取り② 원문

私たちは、色を表すとき、「白い」「赤い」「黒い」「青い」とは言いますが、「緑い」「黄い」「紫い」とは言いません。どうしてでしょうか。

それは、緑、黄、紫といった色が、比較的新しく使われるようになったからだそうです。

また、緑や黄、紫の発音にも問題がありました。いずれの言葉も最後が「I」で終わっているので、「I」のあと、また「い」を送ると発音しにくいです。だから、「色」という言葉を使って、「緑色」「黄色」「紫色」と表すようになったようです。

번역의 예

어느 날 아파트 욕실의 샤워시설이 고장이 나서 동네 가게에 가서 수리를 의뢰해 새 기구로 바꿔달기로 했다. 국산은 8만원, 외제는 13만원의 두 종류가 있다고 했지만, 디자인이나 기능이 거의 같아보였기 때문에 국산을 샀다.

바꿔다는 작업은 5분 만에 끝났다. 그러나 시험을 해보니 샤워를 멈춰도 샤워기 끝에서 물이 흘러나오는 것이 아닌가. 나는 불만을 표시하며 다시 천천히 고쳐줄 것을 부탁했더니 "바쁜 데도 특별히 왔는데 그렇게 불만만 표시할 거면 다음 손님이 기다리고 있어서 돌아가겠습니다."라고 말하고는 부착했던 기구를 빼가지고 돌아가 버렸다.

아마도 진짜 속마음은 '싼 것을 사놓고 더구나 바쁠 때 무리해서 부착하러 왔는데 불만만 표시하다니, 이런 일은 못해먹겠다.'일 것이다.

한국인의 속마음은 말이 아니라, 말할 때 얼굴 표정이나 태도에서 쉽게 알 수가 있다. 왜냐하면 한국인은 일본인보다 감정적이기 때문에 조금이라도 속마음을 건드리면 바로 겉으로 드러나기 때문이다.

문형연습

~られる
1. 노래는 좋아하지만, 예전에 음치란 말을 들어서 노래에 자신이 없어졌다.
2. 母の大切な指輪を忘れてしまって、母にひどく叱られた。
3. 子どもに入院されて、共働きの私たち夫婦はとても困っている。

~たところ
1. 선생님 댁에 방문했더니 공교롭게도 선생님은 없었습니다.
2. 電話帳を調べてみたが、拓哉という名前が10人もいた。
3. 会社に電話したところ、田中さんは外回りに出かけたそうだ。

~ところ
1. 바쁘신 가운데 일부로 와 주셔서 감사합니다.
2. 危ないところを助けてくれて、ありがとうございます。
3. お忙しいところをおじゃまして申し訳ありません。

연습문제

1. 表 / 近所 / 設備 / 作業 / 直す / 特別
2. しゅるい / きのう / きぐ / ひょうじょう / たいど / かんたん
3. ①1　②2　③1
4. ①静かな　②降られて　③頼んだ
5. ①も、X、ので　②X、を、のに　③の、や、が

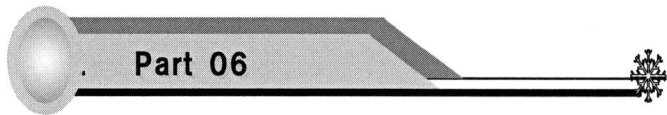

書き取り② 원문

他人と話すとき、お父さんのことを「うちの父」、おかあさんは「うちの母」と言います。自分の夫については「うちの主人」が一般的ですが、最近は名字で呼ぶことも多いそうです。たとえば、「木村は出かけています」という具合いです。なぜ、夫を名字で呼ぶようになったのでしょうか。それは、世の中が男性と女性を差別しなくなって、「うちの主人」と言うと、妻が夫の召使いのように聞こえて、ふさわしくないと思ったからです。

번역의 예

　바로 얼마 전 우리 회사 영업과장이 일본 모기업과 상담했을 때 마지막에 가서 속았다는 얘기를 들었다. 내용을 들어보니, 그 영업과장이 마지막 협상에서 "이 계약서 내용이 마음에 드십니까? 마음에 드시면 사인을 해서 보내주시지 않겠습니까?"라고 말했더니 일본인 담당자가 "그렇군요."라고 대답했기 때문에 승낙했다고 생각하고 상사에게 보고한 뒤 동료와 축하파티까지 열었던 것이다. 그런데 1주일 정도 지나서 일본기업으로부터 "검토한 결과 상담은 없었던 걸로 해주세요."라는 연락이 와 취소되고 말았다.

　아마도 일본인이 자주 쓰는 '그렇군요. 나중에 천천히 검토해보겠습니다.'라는 말의 뒷부분이 생략되었을 것이고, '그렇군요.'의 말꼬리를 살짝 내려 여운을 남기며 얘기했을 것이다. 이럴 경우 대개 부정적인 의미일 때가 많다. 그 일본인은 속인 것이 아니라, 암묵의 거절을 했던 것이다. 일본은 좀처럼 '속마음을 보이지 않는 문화'이다.

문형연습

~たら
1. 보너스를 많이 받으면 해외여행에 데려가 주세요.
2. 薬を飲んだら、頭痛が治りました。
3. 散歩をしていたら、突然雨が降り出した。

~ことにする
1. 최근 휘발유 값이 올라서 전철로 출근하기로 했습니다.
2. 最近、体重が増えたので、毎日ジョギングすることにしました。
3. 雨が降ってきて、駅まで迎えに行くことにしました。

~うちに
1. 날이 밝은 동안 집에 가지 않으면 이 부근의 밤길은 위험해요.
2. 寒くならないうちに、冬ぶとんを出しておきましょう。
3. 若いうちにたくさん勉強しておいた方がいいです。

연습문제

1. 段階 / 連絡 / 内容 / 送る / 報告 / 検討
2. えいぎょう / かちょう / しょうだん / かくにん / こうしょう / けいやく
3. ①1 ②2 ③2
4. ①開けてみ ②買わない ③冷めない
5. ①の、ので、と ②から、に ③の、に

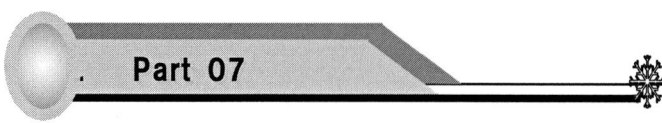

書き取り② 원문

アメリカやヨーロッパでは、サインがよく使われます。しかし、日本は、まだハンコが一般的です。サインでOKなのは、宅配便の受け取りくらいです。

日本でサインが発達しなかたのは、一つは、ハンコの方が便利だったからでしょう。わざわざ漢字を書く必要がないからです。もう一つは、日本人は字を書くとき、縦に書く習慣がありましたが、サインは普通横書きになるからです。そこで、やはりハンコがいいとなったようです。

번역의 예

예전에 고등학교시절 유도부였던 친구가 한국에 처음 왔을 때 점심을 산다고 해서 어느 식당에 들어갔다. 친구는 돌솥밥과 냉면과 만두를 주문했다.

그런데 이게 웬일인가. 주문한 메인음식이 나오기 전에 계속해서 한국특유의 '반찬'이 식탁가득 올려졌다. 이것을 본 친구는 나에게 "주문한 것과 전혀 다른 음식이 나오잖아. 네 한국어 주문이 잘못된 거 아니야? 한 접시에 300엔이라고 하고 10접시나 되니까 3천엔이 넘네. 나는 이런 거 주문한 적 없으니 이건 네가 지불해."라고 반 농담으로 말했다. "알았어, 알았다고. 내가 지불할 테니 안심하고 먹어."라고 웃으면서 말하자, 그 친구는 무서운 기세로 먹기 시작했다. 좀 지나 돌솥밥과 된장국과 생선구이 등 또 몇 종류의 반찬이 나왔다. 그는 눈이 휘둥그레져서는 그것을 먹었지만, 그 다음에 나온 냉면과 만두는 제아무리 전 유도5단인 친구도 다 먹을 수가 없었다.

이 사례에서도 알 수 있듯이 한국은 모든 면에서 양을 중시하는 문화이다.

문형연습

~ことになる
1. 내일 저녁6시, 공항 출발로비에서 모이기로 되어있습니다.
2. 来年からアメリカの支社で働くことになりました。
3. 明日、ホテルでお祝い会が開かれることになりました。

동사의 명령형
1. 뭐야, 이 형편없는 점수는. 제대로 공부해.
2. 人の悪いところよりはよいところを見ろ。
3. 早く起きろ。そうじゃないと、授業に遅れるよ。

~において
1. 2008년 올림픽은 북경에서 열리게 되었다.
2. サッカーのワールドカップは、韓国において開催されました。
3. 最近、家庭において共働きが増えています。

연습문제

1. 時代 / 昼食 / 注文 / 払う / 間違う / 安心
2. しなもの / ならべる / しょくたく / いきおい / しゅるい / じょうだん
3. ①2　②2　③1
4. ①出す　②急げ　③においても、においても
5. ①で、に、に　②X、も　③から、の、に

書き取り② 원문

アメリカの「マクドナルド」を東京など関東地方では「マック」と呼びますが、大阪など関西地方では「マクド」と呼びます。東京の人には、ほかの関西弁は別にいいけど、この「マクド」だけは気になるという人が多いようです。

このような違いはどこから来るのでしょうか。いろんな意見がありますが、その一つは、関西人は、「ありがとう」という意味の「まいど」のように三文字で真ん中にアクセントがあることばが耳になじむためだとされます。

번역의 예

나는 한국인 지인들에게 이런 퀴즈를 내보았다.

'지금 여기에 크기와 품질이 같은 배를 1개 5천원에 팔고 있습니다. 3개 사면 만원이라 좀 싸지지만, 먹는 건 혼자입니다. 당신이라면 몇 개를 사겠습니까?'

남녀 포함해서 30명 정도의 한국인에게 질문을 했더니 모든 사람이 3개 산다고 대답했다. 그 이유는 역시 "당연하죠. 3개 사면 5천원 이득이고 다 못 먹고 남으면 냉장고에 넣었다가 나중에 먹으면 되잖아요."이다.

나는 매우 흥미로워져서 일본에 돌아간 후 동네 주부와 지인에게 같은 퀴즈를 내보았다. 그러자 대부분의 일본인들의 대답은 한국인들과는 반대였다.

"야채나 과일은 신선함이 생명입니다. 비록 냉장고에 넣는다 하더라도 하루 지나면 그만큼 오래 돼서 가치가 반으로 떨어지니까, 하루에 한 개 먹었다 치면 두 개째 배의 가치는 그 반으로 줄어들게 되고, 세 개째 배의 가치는 다시 그 반으로 줄어듭니다."라고 한 것이다. 이처럼 한국인은 '양'에 가치를 두지만, 일본인은 '질'에 가치를 둔다.

문형연습

~ば
1. '끝이 좋으면 다 좋다'라는 말도 있지 않습니까?
2. みんなが協力してくれれば、もっと早くできただろう。
3. もしコンサートのチケットが買えれば、ぜひ行ってみたいです。

たとえ~ても
1. 사람은 자기답게 살아갈 때 비록 가난하더라도 행복하다고 느낍니다.
2. たとえ仕事がつらくても、めげずにがんばります。
3. たとえ親から反対されても、彼女と結婚するつもりです。

~として(も)
1. 지금에 와서 사과한다 해도 용서해주지 않을 것이다.
2. 仮に雨が降るとしても、明日は出発します。
3. 海外旅行に行かないとしても、お金は返してもらえないじゃないですか。

연습문제

1. 理由 / 当然 / 残り / 反対 / 返る / 野菜
2. しんせん / きんじょ / きょうみ / ひんしつ / わりやす / かち
3. ①2 ②1 ③2
4. ①なっても ②行けば ③なる
5. ①に、で ②や、は、が ③に、に

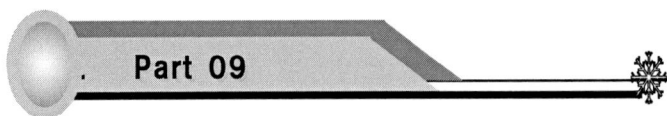

書き取り② 원문

寿司というと、回転寿司をイメージする人が多いと思います。私たちは、回転寿司店で寿司を食べたあと、「六皿食べたけど、いくら？」と言います。つまり、寿司を数える単位が「皿」なのです。ところが、普通の寿司屋では、寿司は皿に乗せません。寿司の数え方が「皿」ではなく、「カン」になります。たとえば「マグロを一カン、イカを一カンください」と注文します。寿司屋で「カン」ということばを使うと、何となく通になったような気がします。

번역의 예

한국에 온 지 3년 정도 지났을 때 아파트 근처에 맛있고 가격도 적당한 스시전문점이 생겼다. 그런데 6개월 쯤 지난 어느 날, 카운터에 앉아 기다렸더니 처음 본 젊은 남자가 나타났다. 그 요리사는 어이없게도 주문한 몇 개의 스시 재료를 전부 자른 후에 밥을 쥐고 있는 게 아닌가. 그 때 마침 사장이 돌아왔기 때문에 "전에 있던 요리사는 어떻게 되었습니까?"라고 묻자, "아, 그 사람은 원래 월급이 많았는데 얼마 전 더 올려달라고 요구했기 때문에 해고했습니다. 어차피 한국인은 스시의 진짜 맛을 모르니까 상관없습니다. 게다가 나는 언제까지나 스시전문점을 할 생각이 없습니다. 내 꿈은 골프장을 경영하는 것입니다."라고 대답했다. 나중에 들은 사실이지만, 그 사장은 처음 6개월 동안 꽤 벌어서 그것을 밑천으로 다른 장사를 시작해 최근 들어 염원하던 골프장을 손에 넣었다고 한다.

이는 눈앞의 일에 전력을 집중해 어느 정도 목적을 달성하면 그것을 버리고 다시 새로운 다음 목표를 향해가는 한국인 특유의 기질을 제대로 보여주는 예이다.

문형연습

~ところが
1. 그는 잔업이어서 늦는다고 말했다. 그런데 집에 갔더니 먼저 돌아와 있었다.
2. 晴れていたので洗濯物をした。ところが、急に雨が降り出した。
3. あの選手はとても強そうに見えた。ところが、あまりにも簡単に負けてしまった。

ちょうど
1. 때마침 잘 왔다. 일손이 모자라서 난처했었어.
2. 駅に着くと、ちょうど電車が入ってきた。
3. 君にちょうどいいアルバイトを見つけたよ。

さらに
1. 태풍의 영향으로 오늘 밤부터 비바람이 한층 심해질 것입니다.
2. 竹島問題で対日感情はさらに悪化した。
3. 今月になって、さらに気温が上がるものと見られます。

연습문제

1. 値段 / 捨てる / 給料 / 目的 / 達成 / 現われる
2. てごろ / にぎる / ていど / けいえい / しょうばい / もくひょう
3. ①2　②1　③2
4. ①さらに　②ちょうど　③ところが
5. ①も、が　②X、に　③に、の、の

書き取り② 원문

英語には、大文字と小文字があります。初めて習ったときにはとまどうけど、だんだんその便利さと読みやすさに気づきます。大文字ばかりや小文字ばかりの文章は読みにくいからです。日本語には、この大文字と小文字はありませんが、その代わりに漢字があります。確かにひらがなだけの文章は読みにくいです。ところが、漢字で書けるところを漢字にしてみると、簡単に意味をつかむことができます。したがって、ひらがなの中に適度に漢字がまざってある文章が読みやすく、よい文章になります。

번역의 예

　일본을 대표하는 음식으로 '스시(초밥)', '덴뿌라(튀김)', '가이세키요리(가벼운 일본정찬)', '소바(메밀국수)' 등이 있는데, 이런 요리를 다루는 음식점에는 몇 세대에 걸쳐 이어온 곳이 많다. 그 중에는 몇백년이 넘는 전통을 가진 곳도 있다.

　이런 요리들은 일반 가정에서도 쉽게 만들 수 있고 또한 일상적인 음식이 되고 있다. 그러나 아무리 가정주부가 노력하더라도 전통 있는 음식점에서 내는 맛은 절대로 낼 수 없다.

　이처럼 일본에서는 무슨 일을 하던지 그 길에서의 경험을 소중히 여기는 문화가 있다. 나는 이와 같은 일본인의 기질을 '과거를 중시하는 문화'라고 부르고 싶다.

　한편 전통은 단순히 과거를 중시할 뿐 아니라, 그 시대의 요구를 유연하게 받아들였을 때만이 맥을 이어갈 수 있다. 그 점에서 볼 때 최근 일본에서 '전통'을 유세하며 본래의 기업노력을 게을리 하는 '시니세(전통가업을 이어온 가게)'가 늘어난 것처럼 느껴지는 것은 비단 나뿐일까?

문형연습

~として
1. 배우로서뿐 아니라 인간으로서도 성장하고 싶습니다.
2. 田中さんは厳しい先生として知られています。
3. 親として勉強できない息子を心配するのは当然のことだ。

どんなに~ても
1. 아무리 바빠도 휴식은 제대로 취해주세요.
2. どんなに勉強しても英語がなかなか伸びない。
3. どんなに練習しても日本語の発音がよくなりません。

~てこそ
1. 한국은 비싸야만 잘 팔리는 이상한 나라입니다.
2. 家族がいてこそ幸せになれます。
3. 好きな仕事をやってこそ、本当の幸せを感じることができます。

연습문제

1. 料理 / 扱う / 伝統 / 家庭 / 努力 / 増える
2. だいひょう / いっぱん / かこ / じゅうし / じゅうなん / きしつ
3. ①2 ②1 ③3
4. ①やって ②かけても ③さがしても
5. ①の、も、が ②は、に ③の、も

書き取り② 원문

　服を数えることばはいろいろあります。コートや背広は一着、二着と数えます。シャツやセーターは一枚、二枚と数えます。ズボンは一本、二本、靴下は一足、二足が一般的です。ところで、パンツだけはどうして一丁、二丁と「丁」で数えるのでしょうか。これを理解するためには、パンツの前身を思い起こさなければなりません。日本人がパンツをはくようになったのは明治時代からです。それまではふんどしをはいていました。そのふんどしを一丁、二丁と数えていたので、今もその言い方が続いているのです。

번역의 예

　서울의 겨울은 놀라울 정도로 황량하다. 길거리에는 가을에 떨어진 나뭇잎이 누렇게 변한 채 방치되어 있고 가늘고 긴 개나리 가지는 제멋대로 뻗어있어 때때로 길을 가다보면 머리 위에 축 늘어져 방해가 되거나 지저분할 정도이다.
　왜 한국인은 겨울동안 나무와 풀을 손질하지 않는지, 겨울이 올 때마다 한탄도 많이 했다. 그러다가 봄이 되고 싹이 나고 나뭇잎이 생기고 꽃이 피면 멋지게 변신하여 도시에 '자연'이 모습을 드러낸다. 그렇게 생각하고 다시 보면 거리나 아파트내의 초목뿐 아니라, 산의 나무, 강가, 기분 탓인지 시골의 집 구조까지도 자연과 잘 조화를 이루고 있다.
　겨울의 보기 싫을 정도로 흉물스러운 광경과는 너무도 대조적이기 때문에 감동이 더했던 것 같다. 이것을 나는 '자연에 맡기는 문화'라고 부르고 싶다.

문형연습

~ほど
1. 그 사람은 외국인이라고 느낄 수 없을 정도로 일본어를 잘 한다.
2. 涙が出るほどありがたかった。
3. 昼食もきちんととれないほど、毎日が忙しい。

~たびに
1. 읽을 때마다 다른 인상을 받는 책이 있습니다.
2. 内田さんは会うたびに、髪型が変わる。
3. 大学時代の写真を見るたびに、その頃を思い出す。

~ものだ
1. 오랫동안 준비했는데 실패하다니 알 수 없네요.
2. 夏中アルバイトをするなんて、よく働くものですね。
3. ジェット機はとても速いものですね。

연습문제

1. 訪れる / 感動 / 覚える / 汚らしい / 地方 / 自然
2. おどろく / みちばた / あらためる / しゅつげん / ほうち / みなおす
3. ①3　②2　③3
4. ①おもしろい　②見る　③やける
5. ①に、が、✕　②には、に　③や、✕、と

書き取り② 원문

「あの人は負けずきらいだ」というと、負けるのが嫌いだという意味です。

でも、考えてみると、ちょっと変な言葉です。「負けず」の「ず」は否定を表す「ない」という意味だから、「負けず」は「負けないこと」で、「負けずきらい」は「負けないことがきらい」ということです。けっきょく「負けたい」という意味になってしまいます。

実は、江戸時代は、「ず」を「だろう」という意味に使っていたそうです。だから、「負けずきらい」は、「負けるだろうと思うことすらきらい」という意味になります。

번역의 예

　일본 자연의 아름다움은 인간에 의해 '손질되고 창작된' 아름다움이라고 생각한다.

　일본인은 아무리 작은 집이라도 개인주택이면 반드시 손바닥 크기의 정원을 만든다. 그리고는 앞으로 이런 모습의 정원으로 가꿔야겠다는 목표를 설정한 후 사계절마다 각종 나무와 꽃을 심는다. 정원손질용 가위와 톱을 사용해 나무와 꽃과 풀의 형태를 가다듬고 조금씩 목표에 다가가는 것을 즐긴다.

　가장 전형적인 예가 분재이다.

　분재는 심은 나무의 몇십년 미래의 모습을 머리속에 그리고 나뭇가지 하나하나, 잎 하나하나를 정성스럽게 잘라내면서 형태를 만들어간다. 거기에는 자연의 아름다움은 존재하지 않고 인공적인 아름다움밖에 없다고 해도 과언이 아니다.

　이것은 그야말로 '자연을 관리하려는 문화' 그 자체라고 할 수 있다.

문형연습

~たうえで
1. 방안을 본 후에 빌릴지 여부를 결정하고 싶습니다.
2. 家族と相談したうえで、ご返事します。
3. 内容をきちんと確認したうえで、サインをお願いします。

~つつ（も）
1. 이제 일어나야겠다고 생각하면서도 좀처럼 일어날 수가 없다.
2. 体に悪いと知りつつ、たばこをやめられない。
3. 成功を祈りつつ見守る。

もっとも
1. 최근 5년간 가장 판매대수가 증가한 것은 올해이다.
2. 外国人が日本で暮す場合、もっとも大変なのはことばの問題である。
3. 木村さんはこの中でもっとも出世しそうな人です。

연습문제

1. 人間 / 姿 / 将来 / 植える / 描く / 管理
2. そうさく / せってい / ととのえる / そんざい / じんこうてき / えだ
3. ①2　②1　③4
4. ①知った　②知り　③考え
5. ①X、の、に　②や、や　③でも、の

書き取り② 원문

「ワンワン、かわいいでちゅね〜。お名前、なんて言うんでちゅか？」
幼児に赤ちゃん言葉で話しかけるというのは、よくあることです。
ところが、幼児に幼児語で話しかけるのは、成長をさまたげるらしいです。
幼児の言葉が幼児語になるのは、口周辺の筋肉がまだ発達していないからです。耳では、正しく聞き取り、頭でも正しくわかっています。だから、「ママ、ダイオン」と言ったとき、「そう、ライオンね」と正しく答えてあげた方がいいです。

번역의 예

　나는 우리 아파트에 살고 있는 사람들의 생활수준은 일본의 상류가정과 비슷하다고 생각했었다. 차는 고급차 한 대와 일상용인건지 보통차를 두 대에서 세대 보유하고 있다. 평일 아침부터 부인들끼리 모여 골프 치러 간다. 매일 아침 저녁으로 자녀를 차로 데려다 주고 데리러 간다. 나와 같은 일본 '중류가정'에서 자란 사람한테는 경험하지 못한 광경이었다.

　그런데 'IMF시대'라는 급격한 사회환경의 변화를 맞이하자, 그들의 생활수준은 갑자기 일본 중류가정보다 떨어져버렸다. 즉 지금까지의 생활은 보여주기 위한 것이었다.

　IMF의 요구를 받아들여 낮아진 생활수준을 견뎌야했던 한국국민은 하나같이 국가적인 수치라고 떠들어댔지만, 내가 보기에는 수치 따위가 아니라 본래 있어야할 한국의 경제수준으로 돌아간 것뿐이다. 이런 본래의 모습이 어째서 수치여야 하는가. 나에게는 자신의 실력을 정확히 인식하고 내일을 향해 열심히 노력하는 지금의 한국국민의 모습이 오히려 훌륭하게 보인다.

문형연습

~ (さ) せる

1. 사람을 이렇게 오래 기다리게 하다니 실례잖아요.
2. 夜道が危ないので、一人で返らせることができない。
3. 新製品に対するあなたの意見を聞かせてください。

~ べき

1. 운전할 때는 반드시 안전벨트를 착용해주세요.
2. 子どもたちはもっと自由に遊ばせるべきです。
3. 何でも親に頼ろうとすべきではない。

むしろ

1. 빌린 의상도 비싸니까 빌리기보다는 오히려 사는 편이 쌀 것이다.
2. こんな天候では、先へ進むよりはむしろ引き返した方がいい。
3. そんなに遅れて行くなら、むしろ欠席した方がいい。

연습문제

1. 家庭 / 生活 / 送り / 迎え / 水準 / 変化
2. こうきゅうしゃ / ふつうしゃ / かんきょう / きゅうげき / けいざい / じつりょく
3. ①3 ②2 ③1
4. ①書かせる ②知っておく ③出す
5. ①X、X ②に ③の、の、から

書き取り② 원문

毎日使っている「キク」ということばは、意味が三つもあります。では、「その違いは何ですか」と質問されると、答えにくい人が多いでしょう。

ところが、特徴さえわかれば、以外と簡単に区別できます。

まず、「足音をキク」とふうに音を耳で感じる意味があります。次は、自分から積極的にキクという意味があって、「ラジオをキク」のように使います。最後は、知らないことについて人に質問する場合、「道をキク」のように使います。

번역의 예

한국이 '보이려는 문화'라면 일본은 '숨기려는 문화'이다.

일본은 예로부터 정말로 재능이 있는 사람은 남 앞에서 자신의 뛰어남을 드러내는 행동은 하지 않는 법이라고 여겨져 왔다. 재능뿐만이 아니다. 예를 들어 명문가라고 불리고 여러 의미에서 풍요로운 삶을 사는 사람들의 일상생활은 의외로 검소하다. 분별 있는 일본인은 외관보다는 내용을 소중히 여긴다. 화려하게 피는 꽃보다 남몰래 살짝 피는 꽃을 더 좋아한다.

이러한 '보여주려는 문화'와 '숨기려는 문화'의 차이는 일상생활뿐 아니라 기업 안에서도 드러난다. 우리 회사에서 작성되는 자료와 보고서는 언뜻 보면 정말 훌륭하다. 문제는 그 내용이다. 완벽한 겉모습과는 달리 대부분의 경우 내용이 참으로 빈약하다. 그래서 보고서는 보고서인 채로 끝나고 나중에 어떤 행동의 변화도 일어나지 않는 것이다.

일본의 경우는 정반대이다. 매일매일 관련 자료를 모아 방대한 원고를 써서는 서서히 1장으로 요약하는 작업을 반복한다. 단 1장의 보고서를 작성하는 데 오랜 시간과 많은 자료를 작성하는 것이다.

문형연습

~ものだ
1. 자신이 남에게 폐를 끼치고 있다는 사실을 깨닫기는 어려운 법이다.
2. 暑いほどクーラは売れるものだ。
3. 歳をとると、目が悪くなる（暗くなる）ものだ。

~とされる
1. 로봇 기술은 의료와 복지 분야에서 필요하다고 생각되고 있다.
2. 日本人は一般的に礼儀正しいとされている。
3. 現在正しいとされる常識でも、将来通じるとは限らない。

~とは裏腹に
1. 북경올림픽은 시민의 열기와는 달리 혼란도 보입니다.
2. 期待とは裏腹に、今朝から雨が降り続けている。
3. 気持ちとは裏腹に、体が動いてくれない。

연습문제

1. 意味 / 豊か / 才能 / 外見 / 中身 / 関係
2. ゆうしゅう / かくす / くりかえす / ぼうだい / しりょう / ちぢめる
3. ①3 ②1 ③4
4. ①感じる ②行かない ③必要とされる
5. ①X、のに ②とは、の ③で、や、X